Lorenzo Ricciardi, 1930 in Mailand geboren, stammt aus einem alten neapolitanischen Adelsgeschlecht und sagt von sich selbst, daß er „vielleicht ein Baron, wahrscheinlich ein Graf, mit Sicherheit aber ein Vagabund" sei. Er hat eine große Werbeagentur in Rom geleitet, war Regieassistent bei Federico Fellini und spielte in dem Monumentalfilm „Ben Hur" die Rolle des Christus.

Mit Film- und TV-Teams drehte er Dokumentarstreifen in allen Teilen der Erde, seine Liebe aber galt und gilt dem Meer. Seine Frau Mirella – nach ihr wurde die Dhau benannt – ist eine bekannte Fotografin. Zusammen haben sie gerade einen Afrika-Film fürs Britische Fernsehen fertiggestellt. Wenn sich die Ricciardis nicht in Kilifi bei Mombasa (Kenia) aufhalten, leben sie bevorzugt in Paris beziehungsweise London.

Lorenzo Ricciardi

Auf Sindbads Spuren

Dhau-Fahrt durch arabische Gewässer

Fotos von Mirella Ricciardi
Deutsch von Annette Charpentiers

Frederking & Thaler

CIP-Titelaufnahme der Deutschen Bibliothek
Ricciardi, Lorenzo:
Auf Sindbads Spuren : Dhau-Fahrt durch arabische Gewässer / Lorenzo Ricciardi. Fotos von Mirella Ricciardi. Dt. von Annette Charpentiers. – München : Frederking u. Thaler, 1989
  (Reisen, Menschen, Abenteuer)
  Einheitssacht.: The voyage of the Mir-el-Lah ‹dt.›
  ISBN 3-89405-044-6

REISEN · MENSCHEN · ABENTEUER
herausgegeben von Susanne Härtel

© 1989 Frederking & Thaler GmbH, München
Alle Rechte vorbehalten
Originaltitel: The Voyage of the Mir-El-Lah
erschienen bei Collins, London
Aus dem Englischen von Annette Charpentiers
© Text Lipat BV 1980 and photographs Lipat BV 1980
Titelfoto/Fotos: Mirella Ricciardi
Karten: Isolde Notz-Köhler
Illustrationen: John Hawkins
Redaktion: Annemarie Bruhns
Produktion: Tillmann Roeder
Gesamtherstellung: Presse-Druck Augsburg
ISBN: 3-89405-044-6

Inhalt

Vorwort	7
Der Traum	9
Die Suche	17
Das Ziel	31
Das Spiel	41
Meine Dhau	47
Jungfernfahrt	63
Die Reise beginnt	71
Der Golf	89
Griechische Begegnung	102
Der Sturm	116
Dubai	123
Die Musandam-Halbinsel	134
Auf dem Indischen Ozean	148
Die arabische Küste	157
Im Gefängnis	168
Afrika	178
Epilog	188
Glossar	189

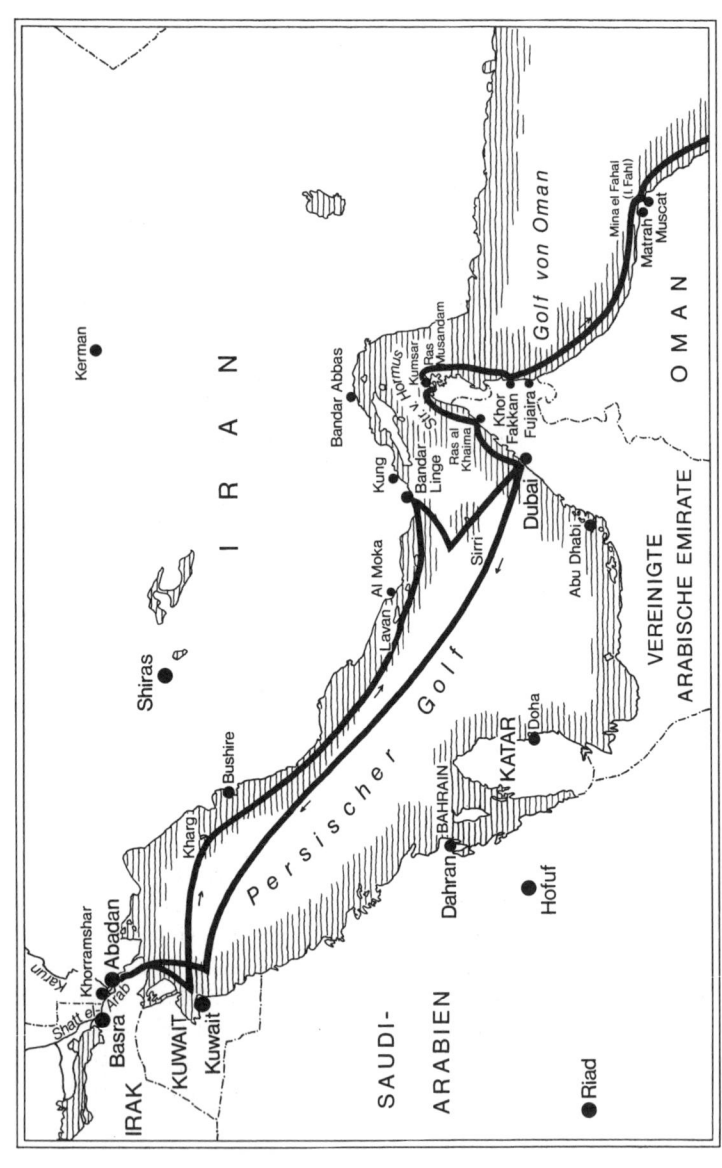

Vorwort

Die Ricciardis sind „Opfer" dessen, was Baudelaire „die große Malaise" nennt – Abneigung gegen ein festes Zuhause. Beide wollen nicht gern an einem Ort bleiben. Lorenzo ist ein neapolitanischer Aristokrat, der, wie er gern erzählt, in einem Gefängniskrankenhaus in Mailand zur Welt gekommen ist. Mirellas Großvater war einer der Geburtshelfer der Republik von Panama. Ihre Mutter war Rodin-Schülerin, und sie selbst kam an den Ufern des Naivasha-Sees in Kenia auf die Welt. Ab und zu haben sie versucht, sich irgendwo niederzulassen – in Afrika, London oder Paris. Doch vielleicht wird ihnen das nie gelingen. Denn wenn Lorenzo über arabische Dhaus schreibt, die wie Wandervögel auf einen Schlag abheben, kann man sicher sein, daß er damit auch von sich selbst spricht.

Aber vielleicht ist die große Malaise gar nicht so schrecklich. Ich zumindest glaube, daß der Mensch ein Zugvogel ist wie die Schwalbe und daß ein ständiges Zuhause für ihn eine Widernatürlichkeit bedeutet. Der Mensch ist das einzige Lebewesen, das mit Fremden Handel treibt – wenn er sie nicht bekämpft. Während ein Teil unserer Vorfahren sich an Land gegenseitig umbrachte, gewöhnlich, weil man einander nicht verstand, befuhren andere das Meer in ihren wunderschönen Schiffen, ohne einen anderen Schutz als ihre Geschicklichkeit und ihren Wagemut und Vertrauen in Fremde. In einem solchen Schiff fuhr Hippalus der Grieche los und brachte Nachricht von der Entdeckung Sri Lankas zurück. Von einem solchen Schiff aus sichtete Sindbad den Roc und Gilgamesch die Inseln der Glückseligen. Derartige Schiffe trugen den ungläubigen Thomas nach Malabar, Chinesen nach Ägypten, Hindus ans Horn von Afrika und Indonesier nach Madagaskar. Selbst bei der damaligen Vorkriegsstimmung im Golfgebiet war die Reise der „Mir-El-Lah" ein einzigartiges Erlebnis.

Der belgische Schriftsteller Jan Yoors erzählte mir einmal, wie er einen alten rumänischen Zigeuner dabei antraf, Pfützen auf dem Weg mit einem Stock miteinander zu verbinden. „Wasser", so sagte er, „sollte niemals stillstehen."

Noch sollten das die Ricciardis – und sie tun es auch nicht.

Bruce Chatwin

Der Traum

Es war einer jener reglosen Nachmittage im April, an dem alles von einem Hitzeschleier verhüllt ist, jene Jahreszeit, in der die Ostküste Afrikas den Atem anhält, eine Phase der Stille zwischen den Monsunen. Vor dem fahlen, heißen Himmel stachen die weißen und scharlachroten Bougainvilleen und die riesigen Affenbrotbäume um mein Haus scharf ab; sie wirkten welk und erschöpft, als warteten sie auf einen Luftzug. Sibillo, meine Katze, lag hechelnd auf der Strohmatte neben dem schlichten arabischen Bett auf der Veranda, wo ich las. Es war zu heiß, um sich konzentrieren zu können. Schon das Buch zu halten kostete Mühe, und ich ließ es auf den Boden fallen. Ich blickte durch die weiten Bögen, die das äußere Riff formten, aufs Meer und die *mlango* – die Einfahrt in den Kilifi Creek.

Da hörte ich ein leises Rascheln in den Büschen, die den schmalen Pfad zum Strand säumen. Drei Männer kamen langsam den Weg herauf; sie sahen mich nicht. Als ich sie grüßte, blickten sie überrascht und erstaunt auf; ihre ausgemergelten Gesichter waren schweißnaß. Sie rangen sich ein erschöpftes Lächeln ab, als ich sie auf Suaheli fragte, was sie wünschten. „Wir sind in Schwierigkeiten, *bwana*", antworteten sie. Dann trat einer von ihnen vor, umklammerte meine Hand und beugte sich leicht über sie, als wolle er sie küssen.

Die Männer trugen ausgeblichene *kikois*, die sie um die Hüften geknotet hatten und mit einem Ledergürtel hielten. An den

Gürtelschnallen hingen *khanjar*, jene prächtigen gebogenen Silberdolche. Um den Kopf hatten sie lockere Baumwollturbane geschlungen. Ihre wettergegerbten Gesichter, der klare Blick und die knorrigen Hände wiesen sie als Seeleute aus. Sie brauchten Wasser. Sie kamen von einer Dhau, gaben sie an, und waren seit zehn Tagen mit gebrochenem Ruder auf dem Meer getrieben. Eine vorbeifahrende *jahazi*, eine kleine Lamu-Dhau, hatte sie mit an Land genommen, wo sie jetzt Hilfe suchten.

Ich forderte sie auf, in den Schatten zu treten, und goß ihnen Gläser mit kaltem Wasser ein, das sie gierig tranken. Nachdem ich nachgeschenkt hatte, ließ ich sie allein, um Said zu suchen, einen meiner Matrosen, der in seiner Hütte schnarchte. Ich bat ihn, die „Samaki" in fünf Minuten fertigzumachen. Dann rief ich Mirella, die nebenan schlief, und erzählte ihr von den Dhau-Männern. Ich wußte nur zu gut, was es bedeutet, ohne Trinkwasser auf See zu treiben. Ich bat daher Mirella, alle Wasserbehälter zu suchen und zu füllen.

Eine halbe Stunde später durchschnitt der Bug der „Samaki" das Wasser mit einer Geschwindigkeit von zwanzig Knoten und schickte eine Blüte aus glitzernder weißer Gischt in die Luft. Das Licht war grell und schmerzte in den Augen. Ich erblickte die Dhau in der Ferne, ein schwarzer Punkt auf dem glänzenden Meer. Beim Näherkommen sahen wir Menschen, die wie große Vögel auf dem Oberdeck kauerten; es mußten mehr als fünfzig sein. Als wir uns näherten, brach aufgeregtes Geplapper los, und sie begrüßten uns mit lauten, heiseren Stimmen. Mirella und ich starrten den zerlumpten Haufen mit der gleichen Neugier an wie die fremden Männer uns.

Sie waren bis zur Hüfte nackt und trugen ansonsten schmutziggraue Tücher und ausgeblichene Turbane. Sie waren überwiegend groß und dünn, mit langen sehnigen Muskeln und scharf ausgeprägten Gesichtszügen. Glitzernde dunkle Augen saßen in hohlwangigen Gesichtern. Ich hielt die Passagiere für Somalier und die Besatzung für Araber oder Omaner aus dem Persischen Golf. Die Dhau war eine *sambuk* mit einem einzigen, langen Mast.

Der Kapitän, der *nakhoda*, war einer der drei Männer, die ich zusammen mit Wasser und Holz – um das Steuer zu reparieren – zurückgebracht hatte. Erst als er unter seinen Leuten stand, wurde uns seine Position bewußt. Er erteilte mit leiser, aber fester Stimme Befehle, und die Blicke, die er seinen Männern und den Passagieren zuwarf, als sie die Wasserbehälter auf die Dhau schafften, ließen jeden erkennen, daß er das Kommando führte.

Sobald das Trinkwasser auf dem Deck der *sambuk* war, scharten sich die Männer mit leeren Konservendosen in der Hand um die Behälter. Rasch wurden sie gefüllt und in die ausgedörrten Kehlen geleert.

Im Heck türmte sich eine Ladung getrockneter Datteln zusammen mit großen Dosen Schmalz und getrocknetem Fisch. Alles zusammen lag unter einer verblichenen grünen Plane, durch die brauner, klebriger Saft aufs Deck sickerte. Außerdem waren geheimnisvolle strohumwickelte Bündel und kleinere rechteckige Pakete zu sehen, letztere vermutlich Tierhäute. Ausgefranste Hanftaue waren zu Haufen gerollt, die zu provisorischen Lagern umfunktioniert worden waren. Über diesem Durcheinander ragte der Mast auf. Das löchrige Segel bot nur wenig Schatten. An den Spieren hingen orangefarbene und goldene Streifen von Königsmakrelen, von denen mit jedem Luftzug ein übler Gestank herabwehte.

Ich versuchte mit dem *nakhoda* zu sprechen und benutzte meinen Matrosen Said als Dolmetscher. Said war ein Bajun von der Insel Lamu und sprach ein wenig Arabisch. Durch ihn erfuhr ich, daß die Dhau aus Salalah in Oman stammte und mit einer Ladung Trockenfisch, Datteln und anderen Waren nach Mombasa unterwegs war. In einem oder zwei Monaten wollte sie in Lamu neue Ladung aufnehmen und heimsegeln. Ich vermutete, daß es sich bei den Passagieren um Söldner handelte, die der tansanischen Armee beitreten wollten – Somalier sind gute Krieger.

Als wir uns verabschiedeten, dankten sie uns überschwenglich, verbeugten sich tief und lobten *Allah akbar:* Er hatte ihre Gebete erhört und mich zum Instrument bestimmt, um ihr Leben zu retten. Es war sehr bewegend.

An diesem Abend saßen Mirella und ich noch lange unter dem Sternenhimmel und sprachen über jene Männer, ihr Schicksal – und ihr Schiff.

Von jenem Tag an war ich vom Gedanken an Dhaus besessen. Stundenlang beobachtete ich sie im alten Hafen von Mombasa. Ich wartete auf ihr Vorbeifahren, wenn der Monsun wechselte und starke Winde ihre riesigen Lateinsegel füllte. Ich lernte ihre verschiedenen Namen und konnte sie bald voneinander unterscheiden – *booms, sambuks, jahazis*. Ich studierte ihre unterschiedliche Takelage, die Masthöhen, die Abmessungen und die Besatzungen. Doch über ihre eigene Welt erfuhr ich nur wenig, außer, daß sie im Verschwinden begriffen war.

In jenem Sommer fuhr ich oft mit einem Fischer namens Juma und einigen seiner Freunde zu den Riffs von Takaungu in der Nähe von Kilifi. Juma war ein gutaussehender Bursche und nie ohne seinen breitrandigen Strohhut anzutreffen. Er besaß ein kleines Segelkanu – ein *ingalao* –, das aus einem einzigen Stamm geschnitzt war. Es war mit einem scharfen Messer, einer Angelschnur, einem Paddel und einer halben Kokosnußschale als Schöpfkelle ausgerüstet.

Bei unseren häufigen Fahrten zu den Riffen tauschten wir selten mehr als nur ein paar Worte aus, doch ich erfuhr von Juma viele Geheimnisse des Meeres. Er kannte jede Strömung, die nützlichen wie die gefährlichen, die Stellen, an denen Fische zu finden waren, und den genauen Augenblick, in dem sie beißen würden. Er angelte stumm und verriet niemals seine Gefühle, wenn er jede Menge rote Schnappbarsche ins Boot hievte. Am Ende eines Tages paddelte er rasch und mit langen, zügigen Schlägen nach Hause, die Angelschnur säuberlich zu seinen Füßen zusammengerollt. Seine alten Haken glänzten wie neu. (Er hatte ein paar Ersatzhaken dabei, denn oft rissen sie ihm Haie von der Leine.) Ich verglich seine Bedürfnisse mit den meinen und staunte über solche Genügsamkeit.

Eines Tages, als wir mit dem Fischen aufgehört hatten und Juma schlief, schwamm ich durch das Riff zum Ufer. Ich beobachtete die Possen eines Delphinschwarms und freute mich an

Die „Mir-El-Lah" mit prallgefülltem Segel

den Kunststücken der Jungtiere, die höher als die alten sprangen und Saltos ins Wasser schlugen, wobei hohe Fontänen aufspritzten. Mir gefiel das Riff von Takaungu, weil außer Möwen niemand dort hinfand. Es herrschte Ebbe, und ich schwamm zu einer Höhle am Ende des Strandes, preßte meinen Körper in den warmen Sand und wartete auf die Flut, die mich bald überspülen würde. In jenem Moment beschloß ich unvermittelt: Eines Tages – bald – würde ich eine Dhau besitzen.

Gegen Ende dieses Sommers starb mein Vater an einem Schlaganfall. Nur zwei Tage vorher hatte er mir eine Postkarte mit dem Satz geschickt: „Ich bin der glücklichste Mann der Welt."

Ein Jahr zuvor hatte ich ihn endlich überredet, sich zur Ruhe zu setzen. Er hatte zuviel gearbeitet, und mir lag nicht an seinem Erbe. In seinem Haus in Nervi fand er beim Rosenzüchten, beim Besuch alter Freunde und dem Betrachten von Sonnenuntergängen fern von aller Betriebsamkeit eine gewisse Zufriedenheit. Ich hatte ihm eine lange ausstehende Schuld zurückzahlen können, ihm aber verschwiegen, daß ich dadurch fast mittellos war. Ich war der letzte Sproß unserer Familie. Mein Vater hinterließ mir sein Haus, einen vagen Anspruch auf einen Adelstitel, ein wenig Geld und Erinnerungen, die auf mich einstürmten, als ich durch die Räume seines Hauses – meines Hauses – spazierte.

Schließlich trug ich ein paar wertvolle Gegenstände zusammen – einen antiken florentinischen Tisch, den Schreibtisch meines Vaters, alte Fotos und Bücher, das Bild, das über meinem Bett gehangen hatte, als ich noch klein war –, Dinge, die ich nicht einem leeren, verfallenden Haus überlassen wollte. Ich packte diese Dinge in mein Auto und fuhr zusammen mit meiner Frau Mirella und meinen Töchtern Marina und Amina nach London, um mit einem Verleger die Idee zu besprechen, ein neues Buch zu schreiben oder einen Film zu drehen.

„Und was haben Sie nun vor?"

Der Mann, der mir gegenüber an seinem Schreibtisch saß, stellte mir die gleiche Frage, die ich mir seit unserer Ankunft in London unzählige Male selbst gestellt hatte. Er hatte Mirellas

Buch „Vanishing Africa" bereits unter Vertrag genommen und interessierte sich nun für andere Projekte, die wir vielleicht planten.

„Wir brauchen jemanden, der uns einen Film finanziert", sagte ich. „Mirella und ich würden dabei gleichzeitig Material für ein Buch sammeln."

„Haben Sie schon eine Idee?" fragte mein Verleger.

Meine Gedanken flogen mehrere tausend Meilen weit. Ich stand auf den Befestigungsanlagen von Fort Jesus in Mombasa und sah zu, wie die Dhaus mit dem letzten Monsunwind in den Hafen segelten. Ich hörte die Matrosen singen, wenn sie Anker warfen und ihre Fracht aus Salz, Datteln, Teppichen aus Shiraz und Isfahan, Kaffeetöpfen und Wasserkrügen aus Messing oder geschnitzten Holztruhen aus Hadramaut ausluden. Ich saß auf einer portugiesischen Kanone. Mirella fotografierte *nakhodas*, die ängstlich ihre Ladungen bewachten, kleine *ingalaos* und die furchtlosen Jungen, die die Masten erklommen und sich von oben ins Meer stürzten. Einige Seeleute sangen sonderbar traurige, nasale Lieder, die für meine Ohren fremd und unheimlich klangen, die Lieder von Männern, deren Lebensweise nicht mehr lange existieren würde.

Natürlich wußte ich, was ich vorhatte. Ich erwachte aus meinem Tagtraum und erzählte dem Mann hinter dem Schreibtisch alles, was ich über Dhaus wußte.

„Es handelt sich um die ältesten seetüchtigen Schiffe, die man kennt", hörte ich mich sagen, „und sie sind bald ebenso ausgestorben wie Dinosaurier. Vor fünfzig Jahren segelten noch Hunderte von Dhaus nach Afrika, und in diesem Jahr konnte ich bloß noch ein Dutzend zählen."

Wir verabredeten, einen Film zu drehen, um die Reise zu finanzieren und die letzten Momente aus der Welt der Dhaus zu erhaschen und aufzuzeichnen.

Ein paar Tage später, mit dem Vertrag einer Fernsehgesellschaft und Geld in der Tasche, stimmte ich zu, eine erste Erkundungsreise nach Khorramshar im Iran, nach Basra im Irak und zu den Arabischen Emiraten zu unternehmen, um die Häfen kennenzulernen, die immer noch von Dhaus angefahren wurden. Nach Monaten des Nichtstuns hatte ich endlich ein Ziel und die Hoffnung, die Depression zu überwinden, die seit dem Tod meines Vaters auf mir gelastet hatte. Ich machte mir über das Filmgeschäft keine Illusionen. Erfahrung hatte mich gelehrt, daß man zumeist mit einer Vision beginnt, sich aber gewöhnlich viel zu viele Leute einmischen, als daß diese unberührt bleiben kann. Ich brach auf, um die Welt der Dhaus zu erkunden. Würde ich sie noch vorfinden?

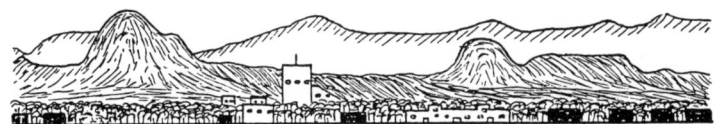

Die Suche

Als mein Flugzeug in Teheran gelandet war und ich mich in meinem feinen Anzug mit Weste durch die Zollabfertigung mühte – hoffnungslos unpassend für mein angestrebtes Ziel, die arabische Halbinsel, gekleidet –, dämmerte mir endlich, wie mir die Ereignisse über den Kopf gewachsen waren.

Nachdem ich den Zoll hinter mir hatte, schlug mir jemand auf die Schulter, und ich stand meinem alten Freund Roberto Gancia gegenüber, den ich schon aus Kindheitstagen kannte. Wir hatten uns jahrelang nicht mehr gesehen – seit er in den Iran gezogen war, um dort sein Glück zu versuchen. Er nahm mich sofort unter seine Fittiche, und alles war plötzlich wie früher, ein Gefühl, wie man es nur bei alten Freunden empfinden kann.

Robertos Vater war einer der engsten Freunde meines Vaters gewesen. Er wußte bereits von dessen Tod und tat alles, um mich über den Verlust hinwegzutrösten. Er unternahm mit mir eine Besichtigungstour im Hubschrauber und veranstaltete eine Steinbockjagd zu Pferde im Elbursgebirge, das Teheran vom Kaspischen Meer trennt. Er war ein so angenehmer Gefährte, daß ich länger als vorgesehen blieb. Gemeinsam planten wir meine Expedition in den Süden. Da er überall Bekannte hatte, versicherte er mir, alle Türen würden mir offenstehen und die notwendigen Dokumente seien ohne Schwierigkeit zu beschaffen.

Khorramshar am Schatt el-Arab hieß meine erste Station nach Teheran. Der „Fluß der Araber", für die Iraner der Arvand, mündet nach seinem Weg durch den „Garten Eden", dessen

Grenzen der Tigris, der Euphrat und andere, weniger bekannte Flüsse wie der Karun bilden, in den Arabischen Golf. Auf der anderen Flußseite, nördlich von Khorramshar, liegt das irakische Basra. Seit Jahrhunderten waren beide Städte Zentren des Dattelhandels. Entlang des Schatt el-Arab und der Kanäle, die Fruchtbarkeit ins Landesinnere tragen, herrschten einst Frieden und Wohlstand. Die Entdeckung des Erdöls hat jedoch diesen Frieden zerstört. Khorramshar war Stützpunkt der iranischen Marine geworden, und der Irak, militärisch gesehen der schwächere Staat, hatte sein Flußufer mit starken Befestigungen versehen. Noch wurden die Datteln auf Dhaus transportiert, aber wie lange noch? Diejenigen mit iranischer Flagge hielten sich an das eine Ufer, die Iraker an das andere. Da der Fluß nur wenig mehr als vierhundert Meter breit ist und viele Sandbänke aufweist, gab es häufig „Zwischenfälle".

Damals wußte ich nicht, daß später einmal aus diesen „Zwischenfällen" ein langjähriger, grausamer Krieg entstehen würde. Mich überraschten diese Situation und die militärischen Befestigungen völlig, und ohne Domenico Ravera, für den mir Roberto ein Empfehlungsschreiben mitgegeben hatte, wäre Khorramshar für mich zur Hölle auf Erden geworden.

Domenico war ein italienischer Marinekapitän, der eine spanische Prinzessin geheiratet hatte; jetzt war er französischer Honorarkonsul in Khorramshar. Er war ein dynamischer Mann, der von den Offizieren der iranischen Marine und Zivilisten gleichermaßen geschätzt wurde. Er war kein Mensch, der im Schatten existieren konnte, und geradezu geschaffen, an einem exotischen Ort mit weitem Horizont zu leben und zu wirken. Sein einziger Fehler, wenn man das so nennen darf, war sein unerschütterlicher Optimismus. Er weigerte sich, das Wort „unmöglich" auch nur zu benutzen. Für ihn stellte Bürokratismus nur ein lächerliches Hindernis dar. Und er erklärte mir auch, daß die Spannungen zwischen den beiden Ländern trivialer Natur seien. Es ginge nur darum, daß der Schatt el-Arab für die Iraner der Arvand sei, während der Persische Golf bei den Irakern Arabischer Golf heiße.

Ich wurde also in einem Gefühl von Sicherheit gewiegt und machte mir keine überflüssigen Gedanken, als ich mitten im Strom eine Dhau ohne Flagge ankern sah. Ich lieh mir ein Boot und ruderte gut sichtbar für die Soldaten und Matrosen an beiden Ufern hinüber. Die Strömung war sehr stark, und ich mußte mich schwer in die Riemen legen. Das iranische Patrouillenboot bemerkte ich erst, als es so nah vor mir vorüberschoß, daß seine Bugwelle mein Boot zum Kentern brachte.

Sechs grimmige Männer zerrten mein Dingi in ihr Boot und ließen mich hilflos an ein Seil geklammert zurück. Schließlich holten sie auch mich aus dem stinkenden Wasser.

Keiner von ihnen sprach auch nur ein Wort Englisch, aber als wir flußaufwärts jagten, wurde klar, daß sie mich verhaftet hatten, vermutlich wegen Spionage. Ich war wütend, aber ich wußte aus Erfahrung, daß Wut sich in einer solchen Lage niemals auszahlt, daher hielt ich den Mund, während sie mich ans Ufer brachten und in eine Zelle sperrten.

Noch ehe eine halbe Stunde verstrichen war, kam ein junger Offizier mit freundlichem Lächeln und brachte mich in ein klimatisiertes Gebäude, wo er respektvoll vor einer Tür mit der Aufschrift „Kommandierender Offizier" salutierte, mir einen guten Tag wünschte und verschwand.

Hinter der Tür wartete eine noch größere Überraschung auf mich: An den Wänden hingen Bilder italienischer Schiffe und Poster von Rom; auf dem Tisch lagen Exemplare von *Oggi* und *La Stampa*, und selbst die Uniformen der beiden Offiziere wirkten beruhigend vertraut.

„Sprechen Sie Italienisch?" fragte der ältere Offizier, als er bemerkte, daß mein Blick zu den Magazinen auf dem Tisch schweifte.

„Das ist meine Muttersprache", antwortete ich.

„Nun, das macht ja alles leichter", lachte er. „Jetzt erzählen Sie mir mal, warum Sie genau auf der Grenze zwischen dem Iran und dem Irak herumgerudert sind!"

Sie hörten sich meine Erklärung höflich an und warfen zuweilen etwas in perfektem Italienisch ein, das sie, wie ich erfuhr, während ihrer Ausbildung in Leghorn gelernt hatten. Als ich meine Geschichte beendet hatte, schilderten sie mir die Ernsthaftigkeit der gegenwärtigen politischen Lage.

Wenn ich mich frei auf dem Fluß bewegen wollte, mußte ich die notwendige Erlaubnis von der Savak haben, der gefürchteten iranischen Geheimpolizei, denn der Bereich war militärisches Sperrgebiet, in dem beide Seiten mißtrauisch alle Bewegungen verfolgten, die sie für verdächtig hielten. Die beiden Offiziere warnten mich auch, daß gelegentlich ein übereifriger Heckenschütze sein Geschick an einem hochgewachsenen blonden Europäer ausprobieren mochte, der in einem roten Bötchen mit einer Kamera um den Hals einfach so herumpaddelte.

„Sie sollten besser auch einen Tarnanzug tragen", schlug der Kommandierende vor.

Daher traf ich Domenico an jenem Abend wie verabredet, allerdings in einer dschungelgrünen Uniform. Er war höchst erstaunt und belustigt. „Jetzt bist du wirklich eine Zielscheibe", meinte er.

Am nächsten Morgen erhielt ich von der Savak die Erlaubnis, die Dattelhaine in und um Khorramshar zu erkunden.

Seit Jahrhunderten hat der Schatt el-Arab seinen Ufern Fruchtbarkeit gebracht. Als die Menschen feststellten, daß an allen Stellen, an die sie Wasser leiten konnten, Dattelpalmen gediehen, bauten sie im Lauf der Zeit ein Netz von Kanälen, neben denen sie ihre Dörfer errichteten und Dattelhaine pflanzten.

Je weiter ich dieses Gebiet erkundete, desto mehr ging mir seine Ursprünglichkeit auf. Ich hatte wieder das Gefühl, einen Schritt in die Vergangenheit getan zu haben. Es gab keine Straßen, sondern nur grobe Feldwege; das einzige Transportmittel waren venezianisch anmutende Gondeln, die, vollbeladen mit Datteln und Gemüse, zum *schatt* – Fluß – glitten.

Ich wanderte durch stille Haine und blieb ab und zu stehen, um dem Wind zu lauschen, der durch die Palmenblätter strich. An einem Baumstamm bemerkte ich einen Bretterstapel. Ich war auf eine im Bau befindliche Dhau gestoßen. Zwei Reihen Palmen stützten die wachsende Außenhülle; der Holzrahmen wölbte sich wie die Rippen eines prähistorischen Skeletts. Das Wasser war zu flach, um sie zu tragen; man würde sie bei Flut über ein Holzgestell in den Fluß befördern müssen.

Während ich die Dhau mit wachsender Erregung anstarrte, trat ein alter Araber in einem grauen, abgetragenen *dish-dash* aus dem Baumschatten. Er freute sich sichtlich über mein Interesse, nahm mich bei der Hand und führte mich zu einer großen Lehmhütte, die seine Werkstatt bildete. Der Boden war mit einer dicken Sägemehlschicht bedeckt; an den Wänden und Balken hingen die Werkzeuge seines traditionsreichen Handwerks.

Auf dem Tisch stand ein wunderschönes, ein Meter langes Modell seiner Dhau. Liebevoll strich er über den Rumpf und zeigte mir mit sprechenden Gesten, wie man die Miniatursegel setzte. Dann trug er es zum Kanal hinab und setzte es sanft aufs Wasser. Er schaukelte es sanft hin und her, als wolle er die Stabilität beweisen, füllte Steine als Ballast in den Laderaum und rief einem arabischen Jungen zu, der uns beobachtete, er solle das Modellschiff mit Datteln beladen. Dann stieß er es auf den Kanal hinaus und blies mit vollen Backen in die Segel.

„Nach Sansibar!" rief ich.

„Sansibar!" kicherte er und schlug die Hände zusammen.

Doch dann erlosch sein Lächeln plötzlich, und er befahl dem Jungen, das kleine Modell zurückzuholen und es in die Werkstatt zu tragen, wo er sich mit gekreuzten Beinen auf dem Boden niederließ und auf ein herzförmiges Stück Holz starrte, das ihn zu hypnotisieren schien. Er wirkte nun unendlich traurig. Vielleicht trauerte er Sansibar nach und all den fernen Häfen, die er, alt geworden, nie mehr wiedersehen würde. Wie frustrierend es doch war, mit diesen Menschen nicht in ihrer eigenen Sprache reden zu können!

Ich hatte den Geburtsort seiner Dhau gesehen und wußte, mein Film würde hier beginnen, wie lange auch dauern würde oder wie weit ich auch gehen mußte, um ihn fertigzustellen. Ich würde alle Häfen in Südpersien besuchen, deren Dhaus ich in Mombasa gesehen hatte.

Domenico hatte mir geraten, mich ausschließlich auf den Lufttransport zu verlassen, da die Straßen so schlecht seien – wenn es überhaupt welche gab – und es zu den Küstenorten nur selten Schiffsverbindungen gäbe. Doch hier erwies sich mein Optimismus stärker als seiner. Ich sagte ihm, ich sei nicht scharf darauf, die Einrichtungen der Ölgesellschaften zu benutzen, deren Jets und Schnellboote mir wie Eindringlinge vorkämen. Alles Land, das sie für sich beanspruchten, war schon lange von den Dhau-Leuten verlassen worden. Ich suchte Sindbad und würde die gleichen Kamele, Dhaus und Straßen benutzen wie er.

Doch der Weg zur Hölle ist mit guten Vorsätzen gepflastert. Die Zeit wurde knapp, und ich ließ mich schließlich von Domenico überreden, mit einem seiner Freunde, einem französischen Piloten, und einer Ladung Spaghetti zum Golf von Lavan zu fliegen. Ich war sicher, daß die Insel mir nur wenig zu bieten hatte, aber ich konnte von dort das Festland erreichen und mich zu den Häfen von Bandar Linge, Kung und Bandar Abbas durchschlagen.

Wir flogen bei Sonnenuntergang über den Schatt el-Arab. Die zahlreichen Kanäle unter uns zogen sich durch den Sand wie ein Spinnennetz. Als wir die Mündung erreichten, hatte sich die Farbe der Wüste von Rot zu einem schmutzigen Braun verwandelt, dort, wo Tigris, Euphrat und Karun massenweise Schlamm in den Arabischen Golf schoben. In der Dämmerung wirkte das Wasser unter uns zuerst grünlich, dann dunkelblau und endlich schwarz. Überall konnte ich die Abfackelfeuer der Öltürme sehen, die wie Drachenzungen in den Himmel loderten. Kuwait zu unserer Rechten wirkte wie ein brennendes Land. Ich fragte mich allmählich, ob ich überhaupt noch Dhaus finden würde oder ob es nicht schon zu spät dafür sei. Doch der Pilot versicherte mir, daß sie immer noch wie Möwen über alle Wasser verstreut seien.

Ölfeuer beleuchteten die Landebahn von Lavan, eine ideale Kulisse für einen Science-fiction-Film. Die Flammen warfen seltsame Schatten über die Gesichter der kleinen, dunklen Menschen, die über den Asphalt auf unser Flugzeug zuliefen.

„Da kommen unsere Landsleute, und wir liefern ihnen die Spaghetti", lachte der Pilot.

Auf Lavan, einer öden, felsigen Insel, hatte eine Nahrungsmittelfirma aus Venedig eine gigantische Großküche errichtet, die italienische Gerichte an Hunderte von Ölplattformen, Schiffe und Bohrtürme im gesamten Golfgebiet lieferte. An jenem Abend durften wir von allem probieren: Hummer, Hühnchen, Braten, Tortellini, Kuchen, Käse, Zabaione, und alles wurde mit rotem und weißem Chianti, Champagner und Strega hinuntergespült. Es gibt auf dieser kahlen Insel für die Italiener, die hier zwei Jahre ohne ihre Frauen verbringen, kein anderes Mittel gegen die Langeweile als essen und wieder essen. Sie nannten den Ort den *Club dei Cornuti* – den Club der gehörnten Ehemänner.

Als ich mein Empfehlungsschreiben von Domenico vorlas, schrien alle: „Du willst also einen Film hier drehen? Bringst du vielleicht Sophia Loren oder Brigitte Bardot her? Wir haben genug zu essen für euch alle!"

Ich konnte nach dem üppigen Mahl kaum gerade gehen und taumelte aus dem klimatisierten Eßraum in einen klimatisierten Wohnwagen, streckte mich auf dem Bett aus und wünschte mir, ich könnte wie ein Kamel alles Essen in meinem Magen speichern, um für die zwei vermutlich mageren Wochen, die vor mir lagen, gerüstet zu sein.

Am nächsten Morgen begann ich mit meinen Erkundungen über einen Weg zum Festlanddorf Al Moka. Ich erinnerte mich, daß einer der Italiener mir erzählt hatte, wenige Meilen von ihrer Siedlung, die sie Green Park nannten, eine Dhau vor Anker gesehen zu haben. Er bot mir an, mich dorthin zu fahren. Sie lag tatsächlich noch dort. Die fünf iranischen Araber an Bord kamen an Land, und wir handelten nach kurzem Gespräch mit dem *nakhoda*, einem alten Mann mit Hennastreifen im Bart, meine Überfahrt aus.

Eine Stunde später saß ich zum ersten Mal in einer iranischen Dhau, einer kleinen *sambuk*. Der *shamal*, der Nordwind, wehte heftig und trieb uns mit sieben oder acht Knoten Geschwindigkeit nach Südwesten.

Zwei von zahlreichen „nakhodas", die mir auf früheren Reisen begegneten

Ich beobachtete, wie die Mannschaft das Lateinsegel trimmte, und versuchte mit Handbewegungen meinen Wunsch zu äußern, die Ruderpinne für ein Weilchen übernehmen zu dürfen. Doch die Männer reagierten nicht auf mein Interesse. Mich enttäuschte nicht allein ihre Haltung, sondern auch die Tatsache, daß sie nicht wie die romantischen Sindbads aussahen, die ich auf meiner ersten Dhau bei Kilifi kennengelernt hatte. Sie trugen verschlissene westliche Kleidungsstücke. Wir redeten keine gemeinsame Sprache, wobei mein Urteil allerdings lediglich auf ihrer Kleidung und ihrem Verhalten beruhte. Wie ein Junge, der alle Märchen aus Tausendundeiner Nacht gelesen hat, erwartete ich immer noch eine exotische Welt mit Silberdolchen und weißen Turbanen. Dabei entging mir, daß diese Männer sich in der Seefahrt und mit ihrem Schiffstyp genau auskannten, Kenntnisse, die seit Jahrhunderten vom Vater an den Sohn weitergereicht worden waren.

Als sie mir endlich doch das Steuerrad anboten und ich zu lenken begann, veränderte sich die Atmosphäre. Mich überkam ein wunderbares Glücksgefühl, als die Dhau unter meinen Füßen zu leben begann. Meine Finger vibrierten am hölzernen Ruder. Ich spürte plötzlich eine Verbindung zu der Mannschaft, die den fremden Passagier beobachtete und merkte, daß er fast ebensogut vermochte, was sie seit ihrer Kindheit beherrschten.

Später, als einer von ihnen eine Angel hervorholte und ich sah, daß die Messingspule sehr schmutzig war, nahm ich sie aus seinen Händen und schabte sie mit meinem Taschenmesser sauber. Die Männer erklärten mir, daß dies nicht wichtig sei; wenn es Fische gab und Allah freundlich gesinnt war, würden sie so oder so anbeißen.

„Allah karim", sagte ich, „Allah ist gnädig" – einer der wenigen arabischen Sätze, die ich gelernt hatte. Ein Seemann antwortete: *„Allah akbar* – Allah ist groß", und als die anderen bestätigend nickten, wußte ich, daß dieser Satz sie für mich eingenommen hatte.

Wie oft noch sollte ich Probleme mit den Worten *Allah karim* und *Allah akbar* lösen! Ein Freund, der in Kenia von einer Gruppe *shiftas*, Eindringlingen aus Somaliland, gefangengenommen worden war, verdankte sein Leben – und seine Genitalien – seiner ausgedehnten Kenntnis des Korans. Sie hatten ihn gefangengenommen und bereits ausgezogen, als sie hörten, wie er Passagen aus dem heiligen Buch rezitierte. Da ließen sie ihn laufen, zwar nackt und ohne einen Pfennig, aber bei lebendigem Leibe.

Bald darauf erblickten wir das Dorf Al Moka: eine Reihe Lehmhütten, ein Fort zwischen den Dünen, eine öde Ebene mit ein paar Dattelpalmen und im Hintergrund eine Kette grauer, abweisend wirkender Berge. Wir drehten bei und warfen Anker, und als das Segel eingeholt war, traf mich die sengende Hitze der gnadenlosen Sonne.

Ich habe mich selten so lächerlich und deplaziert gefühlt wie bei meiner Ankunft in Al Moka: Ich stand auf einer Düne in Südpersien, in langen Hosen, einem langärmeligen Hemd, Jakkett und Turnschuhen und klammerte mich an zwei Koffer, die ebenso schwer wie unnütz waren.

Zwei Soldaten führten mich zum Fort. Wir durchquerten die Dünen. Es gab kein Lebenszeichen, außer zwei Krähen, die auf den Überresten eines toten Kamels hockten. Meine Turnschuhe füllten sich rasch mit heißem Sand.

Das weiße Fort war nur klein, aber sehr malerisch, mit Schießscharten, Lafetten, bunten Fahnen und Sandsackbarrikaden. Hinter den dicken Mauern war es viel kühler, und sobald ich ganz unzeremoniell meine Schuhe abgestreift hatte, fühlte ich mich schon wohler.

Ich überreichte meine Papiere einem Leutnant, der meinen Paß beiseite warf und erst freundlicher wurde, als er das Erlaubnisschreiben der Savak erblickte. Dann gab es zu essen, zu trinken und Zigaretten, und eine weitere Unterhaltung mit Händen und Füßen begann. Ich fuhr ein imaginäres Auto, wobei ich die entsprechenden Motorgeräusche produzierte, und machte dem Leutnant schließlich klar, daß ich nach Bandar Linge fahren wollte. Ich „fragte" nach einem Auto. Da brüllte er vor Lachen und deutete auf ein paar Kamele draußen. Auf meinen ungläubigen Blick holte er eine Karte hervor. Ich erkannte, daß die berühmte Straße, die ich am Rand von Al Moka erwartet hatte, viele Meilen weit im Landesinneren verlief, auf der anderen Seite der abweisenden Bergkette, die ich vom Meer aus gesehen hatte. Allmählich dämmerte mir, daß der einzige Grund für die Existenz von Al Moka darin bestand, daß man um Lavan Fischerei und Perlenfang betrieb und die Perlen-Dhaus den Hafen zum Anlegen benutzten.

Doch die Perlen-Saison war vorbei. Der Leutnant führte mich an den Strand und zeigte mir die Haufen leerer Austernschalen. Es war eine schlechte Saison gewesen, und die gefundenen Perlen waren nur klein. Alle Schiffe waren bereits fort, und die einzige Möglichkeit, mein Ziel zu erreichen, war auf dem Rücken eines Kamels. Er zählte mir an den Fingern ab, wie viele Tage die Reise dauern würde: eine Woche, vielleicht länger.

Unter anderen Umständen hätte mich die Aussicht, mit einer Karawane zu reisen, entzückt, doch jetzt nicht. Die Verpflichtungen, die ich mit dem Film eingegangen war, trieben mich zur Eile.

In dieser Nacht schlief ich nur schlecht, war wütend über meine Dummheit, und ich fragte mich unablässig, was ich tun sollte. Beim ersten Morgendämmern weckte mich das Signalhorn, und dieser romantische Laut heiterte mich seltsamerweise auf. Ich spazierte durch das Dorf, das nun nicht mehr so verlassen war wie am vorigen Nachmittag. Die Luft war frisch und kühl. Ein paar arabische Frauen mit schwarzen Gesichtsmasken, die Habichtsschnäbeln ähnelten, die Körper in lange, weite *buibuis* gehüllt, schritten majestätisch durch die staubigen Gassen. Sie trugen Wasserkrüge und Körbe auf dem Kopf.

Ich war immer noch nicht gänzlich überzeugt, daß es keine Straße gab, und folgte dem einzigen Pfad, der lang und breit genug aussah, um die Bezeichnung Straße zu verdienen. Doch er endete abrupt nach ein paar hundert Metern an einem Brunnen. Dort setzte ich mich, umgeben von durstigen Kamelen, zum Nachdenken nieder.

Plötzlich hörte ich in der Ferne Motorengeräusche. Ich sprang auf und rannte den Weg zurück, bis ich einen Mann sah, der mit einem Motorrad über ein Feld fuhr. Ich winkte und brüllte. Endlich bemerkte er mich. Mit eindringlichen Wiederholungen der Worte „Allah" und „Bandar Linge" bat ich ihn, mich nach Süden bis zur Straße zu fahren. Er schüttelte den Kopf und schnalzte mit der Zunge, sagte: *„Khalil* – zu klein" und deutete auf den einzigen Sattel.

Doch die Verzweiflung machte mich beredt. „Dieses Motorrad ist klein, aber Allah ist groß!" erklärte ich, teilweise in Arabisch. Solches Gottvertrauen und ein wenig Geld wirkten wie ein Zauberspruch, und er stimmte schließlich zu, mich zu befördern.

Hundertsechzig Kilometer auf einem Kamelpfad ist ein langer Weg für zwei Personen auf einem Motorrad mit nur einem Sattel, einem dürftigen Gepäckträger und zwei provisorischen Fußstützen. Hundertsechzig Kilometer über sandige Wege, durch steinige Flußbetten und Sumpfland wären selbst in einem Landrover hart gewesen. Aber anstatt nach Lavan zurückzusegeln und mit dem Flugzeug nach Khorramshar zu fliegen, beschloß ich, die Gelegenheit zu nutzen, trotz des Risikos, mitten in der Wildnis eine Panne zu haben und mit wenig Wasser und noch weniger Essen zu stranden.

Zwei Stunden später machten Achmed und ich uns auf den Weg. Er fuhr aufrecht auf den Pedalen stehend, ich saß hinter ihm auf dem Sattel und klammerte mich an meine beiden Koffer, die vom Gewicht eines Benzinkanisters nun noch schwerer waren.

Gnadenlos brannte die Sonne auf uns herab, doch wir kamen gut voran. Zuerst war der Weg hart und das Land eben, der Motor summte beruhigend, und wir fuhren immer schneller. Doch gerade, als ich aufhörte, mir Sorgen zu machen, wurde aus dem Weg eine tiefe Furchenspur, und wir flogen in den Sand. Das wiederholte sich viele Male, aber wir lernten rasch, auf die richtige Weise zu fliegen und so elegant wie möglich zu landen.

Die erste Nacht verbrachten wir in einem verlassenen Fort. Nachdem Achmed seinen Turban abgewickelt hatte, machten wir es uns unter einem Schutzdach aus dürren Stangen bequem, teilten ein wenig lauwarmes Wasser miteinander und aßen getrocknete Datteln. Die Wüste und die Berge wechselten in der sinkenden Sonne rasch ihre Farben – Braun, Gelb, Rosa, ein Aufblitzen von Rot, Grau und schließlich Schwarz. Ich fragte mich, ob Marco Polo auf seiner Reise nach China wohl an der gleichen Stelle Unterschlupf gefunden hatte, und überlegte, wie lange noch dieser einsame Flecken von Autos und Tankstellen verschont bleiben würde.

Es war noch dunkel und sehr kühl, als Achmed mich weckte. Bald hellte sich der Himmel im Osten auf, und die aufgehende Sonne färbte die Spitzen der Berge rosa. Doch meine romantische Stimmung verflog, sobald wir wieder auf dem Motorrad hockten: Die Maschine sprang nicht an. Achmed lächelte; offensichtlich kam das häufiger vor. Er baute den Vergaser aus und zeigte mir triumphierend, daß er von Sand verstopft war. Zehn Minuten später hatte er ihn gesäubert, und wir fuhren durch eine scheinbar endlose Wüste weiter.

Die Sonne brannte sogar noch heißer als am vorherigen Tag, doch schlimmer als die sengende Hitze waren meine Blasen an Händen und Hinterteil. Ich hatte jeden Moment das Gefühl, die Koffer würden mir aus den Fingern gleiten. Um mich bei Laune zu halten, summte ich Militärmärsche wie „Die Brücke am Kwai" vor mich hin.

Achmed fuhr fast die ganze Strecke – er war klein und leicht, konnte sich, auf der Lenkstange abgestützt, auf die Pedale kauern. Alles, was ich zu tun hatte, war, auf die vorüberhuschende Landschaft zu achten, auf vereinzelte Felsen oder Büsche, auf eine ferne Kurve, die auf uns wartete. Wenn es nichts dergleichen zu sehen gab, zählte ich immer und immer wieder bis hundert und blickte dabei auf Achmeds Rücken. Was für eine Reise! Dann senkte sich wieder die Nacht, und auf einen weiteren sengenden Morgen folgte ein brennendheißer Tag. Ich begann, das Motorrad und das, was der schwarze Plastiksattel mir antat, zu hassen.

Gegen Abend erblickte ich ein großes Tier, das durch das Gebüsch jagte. Beim Näherkommen erkannte ich es als einen Jeep. Wir hatten endlich die Straße erreicht! Ich konnte weder sitzen noch stehen, konnte nur noch auf dem Bauch liegen und mein Kinn auf die Ellbogen stützen.

Dann bezahlte ich Achmed. Ich hatte kaum *sucram* – danke – gesagt, da war er auch schon fort. Er hatte gewendet, um sofort seine Heimreise anzutreten, und ich sah seinem roten Rücklicht nach, das sich durch die Büsche schlängelte und verschwand. Wie lange würde ich wohl auf ein Auto warten müssen, das mich mitnahm? Eine Stunde? Eine Woche?

Im Halbschlaf erinnerte ich mich an einen Vorfall nach der Beerdigung meines Vaters, als ich von Nervi nach London gefahren war. Mein Auto war bis zum Dachgepäckträger mit allem beladen gewesen, was ich aus seinem Haus mitgenommen hatte. Den italienischen Zoll hatte ich ohne Schwierigkeiten hinter mich gebracht, aber der französische Grenzbeamte beäugte meine Antiquitäten mißtrauisch und bestand schließlich auf meine Rückkehr nach Italien. Mein Auto hätte ein französisches Zollkennzeichen und könnte daher nicht wieder ins Land eingeführt werden, argumentierte er. Ich war erschöpft und nicht in der Stimmung zu einem Streit. Wütend ließ ich den Motor aufheulen und durchbrach die leichte Metallschranke nach Frankreich. Im ersten Tunnel nach der Grenze hörte ich das Dröhnen von zwei Motorrädern hinter mir, die mich verfolgten. Doch der Tunnel verlief in einer Kurve, und die „Häscher" verpaßten mich, weil ich direkt nach dem Ausgang auf eine belebte Baustelle abgebogen war...

Ich hörte ein Brummen. Wieder einmal hatte ich Glück, diesmal auf einer Wüstenstraße im Nirgendwo. Ein Lastwagen hielt an und nahm mich nach Bandar Linge mit, der Heimat von Persiens besten Dhaus.

Das Ziel

Bandar Linge – *bandar* bedeutet Hafen – wirkte wie eine Ruinenstadt, tot und seit Jahrhunderten vergessen. Es erinnerte mich an deutsche Städte direkt nach dem Krieg, und ich fragte den Fahrer nach der Ursache. „Erdbeben", antwortete er.
„Vor kurzem?" entgegnete ich.
„Vor zwei Jahren. Gibt viele Erdbeben hier. Viele, viele Menschen gestorben. Manchmal nach zwei, zehn oder hundert Jahren. Immer viele Erdbeben hier."
Diese Menschen lebten fatalistisch mit derartigen Naturkatastrophen, flickten notdürftig ihre eingestürzten Häuser und akzeptierten alles, was die Zukunft bringen mochte.
Der Fahrer setzte mich vor einem Café ab, dessen Dach eingestürzt war. Ich ließ mich in der sengenden Hitze an einem Tisch nieder, sogleich umgeben von einem Fliegenschwarm. Ich war müde, entsetzlich müde, und über und über mit feinem rötlichem Staub bedeckt. Bis auf die Knochen fühlte ich mich schmutzig und immer noch wund von dem Motorradsattel. Vielleicht wirkte es jetzt sogar noch schlimmer, weil es vorbei war. Außerdem war ich sehr hungrig, doch zugleich war mir übel, und ich mochte an nichts zu essen denken. Mein Mund war ausgedörrt, die Lippen aufgesprungen. Ich machte mich auf die Suche nach einem Hotel. Doch in Linge gab es keine Hotels.
Ich habe die Welt mehr als einmal umrundet, habe auf der nackten Erde geschlafen und Schiffbruch im Atlantik erlitten. Auf einem Alleingang durch die Wüste von Rajasthan habe ich

tagelang von einer Flasche Fruchtsalz gelebt. Irgendwie würde ich auch Linge überleben.

Als ich meinen Durst einigermaßen gelöscht hatte, blieben mir noch etwa fünf Stunden Tageslicht. Der Mann, der mir klargemacht hatte, daß es keine Hotels gab, sprach ein wenig Englisch und besaß einen alten russischen Jeep. Ich sagte ihm, ich wüßte, daß es Dhaus in der Gegend gäbe, und ich sei entschlossen, sie zu finden. Dabei zog ich meine „Bibel" hervor, *„Die Söhne Sindbads"*, diesen wunderbaren Klassiker von Alan Villiers, und zeigte ihm Bilder von Dhaus. *„Baghla"*, sagte er, „okay."

Dann fuhr er mich acht, neun Kilometer über eine sumpfige Ebene, die mit rostigen Metallteilen und verrottenden Reifen übersät war, bis zu einem Schrottplatz mit alten Autos. Dort bog er rechts ab. Die Hitze war so intensiv, daß ich nur langsam die Luft einsaugen konnte, weil ich sonst bestimmt ohnmächtig geworden wäre. Mich hielt nur mein Entschluß auf den Beinen, die Dhaus zu finden und rasch weiterzureisen – so schnell ich nur konnte –, um im Winter zurückzukommen.

Wir fuhren einen Sandhügel hinauf, und von der Spitze aus konnte man in hundert Metern Entfernung den Persischen Golf sehen. Der Hafen von Linge, aus dem die vielen Dhaus stammten, die ich in Mombasa gesehen hatte, lag links von uns. Ein paar hundert Meter weit im Wasser ankerte ein Dutzend *booms*, Zwei- bis Dreihunderttonner, darunter fünf mit zwei Masten. Sie sahen tot aus, aber ich wußte, sie schliefen nur. Sie warteten auf die nächste Saison, den nächsten Monsun.

Der alte Hafen von Linge bestand aus einer langen, lückenhaften Reihe von Lehmhäusern, alle mit einem Windturm versehen, um jede Brise zu nutzen, ehe sie sich im Landesinneren erschöpfte. Die Türme waren an der Seite offen, aus der die Winde vorwiegend wehten, doch um diese Jahreszeit gab es nicht den leisesten Hauch.

Der Strand vor den Häusern war übersät mit toten, stinkenden Fischen. Riesige Aaskrähen von der Größe eines Adlers hüpften umher und stritten sich mit ausgebreiteten Flügeln. Sie ernährten sich nicht allein von Fischen, sondern auch von aufgetriebenen toten Eseln und Hunden sowie menschlichen Exkrementen. Der Gestank war ekelerregend. Ich winkte den Fahrer weiter.

Anderthalb Kilometer weiter hielten wir an, und ich ging durch eine Gasse zwischen den Häusern zum Strand, wo eine große Dhau gebaut wurde. Doch offensichtlich war sie jetzt verlassen. Es war keine Menschenseele zu erblicken, und mein Führer erklärte, alle Leute seien in ihren Häusern und schliefen. Der Ort schien wie von einer Pest befallen, die alles Leben ausgelöscht hatte. Selbst die Krähen wirkten träge, als sei ihnen von so viel verfaulendem Fleisch übel. Viele ruhten sich mit ausgebreiteten Flügeln und aufgesperrten Schnäbeln auf den Dächern aus.

Ich blickte aufs Meer, an den Dhaus vorbei zum Horizont. Erinnerungen an den Hafen von Mombasa tauchten auf, wo Mirella und ich zuerst diese prächtigen Schiffe gesehen hatten, die Segel vom *kazi-kazi* gebläht. Ich dachte an die großen, mageren, hakennasigen Matrosen in ihren fließenden *dish-dash*, die stolzen *nakhodas*, die hochaufgerichtet am Bug standen, begierig auf die Landung und die Verhandlungen mit Maklern und Händlern. Während ich so auf den verlassenen Strand von Linge blickte, sagte ich mir, daß man Dhaus und Sindbads nur in Aktion erleben sollte.

Plötzlich hörte ich, wie sich eine Tür quietschend öffnete, und sah einen Mann in weißem *dish-dash* lächelnd auf mich zukommen. Beim Näherkommen erkannte ich ihn.

„Salaam aleikum", rief ich ihm zu.

„Aleikum salaam", antwortete er und fügte „jambo" hinzu, die Begrüßung auf Suaheli.

Er war der *serang*, der Bootsmann der „El Mansur", einer der schönsten Dhaus, die jemals die Meere befahren hat. Mirella und ich hatten in Mombasa auf ihrem Deck gestanden. Eine Kuh folgte dem *serang* durch die Tür und schlenderte gemächlich davon. Wir gingen zu der unfertigen Dhau am Strand und setzten uns in den Schatten des Hecks. Der *serang* fragte mich nach Mombasa und meiner Frau. Wir sprachen über die Hitze, die

Winde, die Jahreszeiten. Er erzählte mir, er würde vermutlich im November wieder lossegeln.

Unsere Unterhaltung überzeugte mich, daß ich auf meiner Suche ein gutes Stück weitergekommen war, aber immer noch nicht weit genug. Ich suchte nach lebhaftem Handel, nach Navigatoren, Kapitänen und Seeleuten in einem betriebsamen Hafen, nach einem lebendigen Sindbad, keinem, der in einer Lehmhütte mit einem Windturm auf dem Dach schlief. Man hatte mich gewarnt, daß viele der Sindbads, die ich suchte, nun auf den Ölbohrstationen arbeiteten, wo die Bezahlung und das Essen bei weniger Arbeit besser waren.

Unsere Unterhaltung in Suaheli dauerte bis weit in den Nachmittag. Die Nacht verbrachte ich an einem der schrecklichsten Orte, die ich je erlebt hatte. Danach konnte alles nur besser werden. Ich hatte das Gefühl, nun sei ich ganz unten angelangt. Mein Führer hatte mir klargemacht, ich könnte gegen geringes Entgelt im örtlichen Krankenhaus schlafen. Er setzte mich jedenfalls vor einem baufällig aussehenden Gebäude ab, dessen Eingang abgestützt war wie ein Kohlenflöz.

Ja, es gab ein Bett. Der Wärter führte mich durch ein Labyrinth schmutziger Gänge, in denen Kakerlaken im Abfall auf dem Boden umherhuschten. Dann öffnete er mit einem riesigen mittelalterlichen Schlüssel eine Tür.

„Klopf fest, wenn du raus willst", sagte er und sperrte mich ein.

In dem Raum befanden sich fünf Männer und sechs Armeepritschen. In einer Ecke neben der Tür stand ein halbvoller Emailleeimer, die Latrine. Vier Männer waren Iraner oder Araber. Der fünfte, der schmutzigste, Europäer. Einer der Araber war übermäßig fett und trug ausgebeulte Schlafanzughosen. Er war im Begriff, seine Gebete zu sprechen, und hatte sich auf eine ausgebreitete Zeitung am Fußende seiner Pritsche gekniet. Die anderen lagen auf ihren Matratzen, starrten an die Decke oder bohrten in der Nase. Der Europäer kratzte sich mühsam mit einer Gabel den Rücken und schenkte mir als einzigem Beachtung. Mit glasigem Blick starrte er mich an.

Ich brach auf meiner Pritsche zusammen, umarmte meine Koffer und schlief sofort ein.

Beim Morgengrauen erwachte ich erfrischt und war bereit, mich auf den Weg nach Bandar Abbas zu machen, da öffnete sich zu meiner Überraschung die Tür, und ein Mann brachte mir eine Tasse Tee. Ich machte eine Handbewegung zu den anderen, doch der Mann zuckte die Achseln, stellte die Tasse neben mein Bett und verließ den Raum. Als ich sie geleert hatte, mußte ich lange gegen die Tür hämmern, bis ich herausgelassen wurde.

Vor dem Eingang unterhielt ich mich mit einem Mann, der Französisch sprach. Er erklärte, dies sei das Gefängnis, Gefängnis und Krankenhaus seien ein und dasselbe Haus. Auf dieser Seite lagen die Kranken und Sterbenden, auf der anderen saßen die Diebe und Mörder; Touristen und Geschäftsleute, alle waren willkommen. Einige bezahlten, andere nicht. Einige kamen lebend wieder heraus, andere nicht. Der Zustand der Latrinen ließ mich erschaudern. Welche medizinische Hilfe konnte ein so fürchterlicher Ort schon geben?

Ich mietete einen Jeep, der mich durch einen langen, mondlandschaftsähnlichen Wüstenstreifen nach Bandar Abbas brachte. Dort, in einem richtigen Hotel, nahm ich endlich mein so heiß ersehntes Bad.

Ich war niedergeschlagen und hatte immer noch ein wundes Hinterteil. Einen passenden Schauplatz für meinen Film hatte ich auch noch nicht gefunden, und so war Dubai in Arabien meine letzte Chance. Am nächsten Tag bestieg ich ein Flugzeug dorthin und fürchtete schon, daß aus meinem Film niemals etwas werden würde.

Ein Blick aus der Luft auf den Smugglers' Creek, den breiten Kanal, der das Wasser des Golfes drei Kilometer weit in die Arabische Wüste trägt, reichte aus, um mir zu versichern, ich sei endlich am richtigen Ort gelandet. Ich sah Hunderte von Dhaus. Hier konnte ich zehn, zwanzig, hundert Filme drehen. Ich sah meine Zukunft in den Himmel über dem Smugglers' Creek von Dubai geschrieben.

Sofort nach der Landung machte ich mich auf den Weg zum Basar und kaufte mir einen weißen Baumwoll-*dish-dash*, ein Kopftuch, Gürtel und Sandalen. Ich war zu blaß, zu europäisch für die Rolle, aber mein Bart verlieh mir eine gewisse Würde. Der war nämlich beeindruckend, und Araber lieben Bärte. Als ich meinen „Schneider" fragte, wie ich aussähe, küßte er mich auf beide Wangen und antwortete: „Ein Mann mit einem solchen Bart ist ein Mann!"

Anschließend schlenderte ich, als wär's eine alte Gewohnheit, vom Basar hinab zum Kanal. Ich war Sindbad, einer von Hunderten, der am Ufer einen Spaziergang macht. Kein gewöhnlicher Matrose, sondern ein *nakhoda*. Viele Jahre lang war ich auf der Suche nach mir selbst gewesen. Hier in Dubai war diese Suche vorüber.

Aber wo lag meine Dhau, wo war meine Mannschaft? Wo waren meine Sklaven, meine kostbare Fracht aus Weihrauch, Teppichen, Fellen und Haifischflossen? Sollte ich zu den Großen Perlenbänken segeln oder nach Muscat im sagenhaften Oman? Sollte ich nach Sansibar fahren und mit einem Vermögen an *boriti*-Stämmen, geschmuggeltem Opium und Cannabis in Elefantenstoßzähnen heimkehren? Oder lag mehr Gewinn in japanischen Motorrädern, im Tausch von fetten Kamelen, um die explodierende Bevölkerung der Emirate zu ernähren? Oder sollte ich vielleicht Fernsehgeräte nach Abu Dhabi, Transistoren nach Kuwait bringen? Ich könnte fünfhundert Ziegen aus Belutschistan holen und in Karatschi gegen Orangen eintauschen.

Es gab unzählige Möglichkeiten, aber ich hatte immer noch kein Schiff. Hier lagen Hunderte von Dhaus: *baghla* aus Indien, *sambuk* aus Sur, Somalia und dem Roten Meer, *boom* aus Kuwait und Fischer-*jalboot* aus Ras al-Khaima, mit iglugroßen Fischreusen beladen. Der Kanal schäumte über vor Leben; überall wurde beladen und gelöscht. Ein ständiger Strom von Dhaus mit singenden, betriebsamen Mannschaften war hier unterwegs, begleitet von rhythmischem Getrommel.

Ich schloß die Augen. Diese überwältigende Szene übertraf meine sämtlichen Erwartungen. Jetzt müßte Mirella hier sein,

Auf einer Dhau kann vieles transportiert werden – auch Ziegen

meine Aufregung teilen und – fotografieren. Wer würde ohne Beweise glauben, was für ein Spektakel ich erlebt hatte?

Ich schlenderte von einer Dhau zur nächsten und blieb endlich vor einer wunderschönen *sambuk* stehen. Sie war noch nicht ganz fertig, und etwa ein Dutzend Arbeiter hackten, bohrten, hämmerten und schnitzten noch daran. Sie arbeiteten mit derartiger Präzision und Hingabe, daß ich eher den Eindruck hatte, Bildhauern bei der Arbeit zuzuschauen statt Bootsbauern. Zwischen mir und dem prächtigen Gefährt lagen etwa zwanzig Meter stinkender, fauliger Schlamm, denn es stand noch auf einem Holzgestell. Ich war gezwungen, auf die Flut zu warten, um es zu erklimmen, wenn ich nicht meinen weißen *dish-dash* beschmutzen wollte.

Ich war wie gebannt von der Schönheit dieses Schiffes. Mein ungeübtes Auge schätzte es auf etwa fünfundzwanzig Meter Länge, den Mast auf sechs Meter. Das Deck wirkte groß genug, um Tennis darauf spielen zu können. Doch für eine hochseetüchtige Dhau war sie sehr klein. Für mich und den Film hatte sie allerdings die perfekten Dimensionen, denn mehr als fünfzig Tonnen Teakholz konnte ich vermutlich nicht in den Griff bekommen. Meine Dhau – denn ich betrachtete sie schon als mein Eigentum – hatte ein breites, kantiges Heck und sanft geschwungene Formen. Der islamische Halbmond auf dem zwei Meter langen Vordersteven ragte stolz himmelwärts.

Dann hatten mich die Zimmerleute bemerkt und winkten mich an Bord. Sobald die Flut es ermöglichte, ließ ich mich in einem Dingi an einem Seil hinüberziehen. Ich stieg gelassen und würdig die Strickleiter hinauf, denn man verliert in einem *dishdash* nie seine Würde.

Mein Besuch fiel in ihre Teepause, aber vielleicht war er auch nur ein Vorwand für diese. Als ich mit untergeschlagenen Beinen zwischen den Zimmerleuten auf dem Steven saß, fühlte ich mich wie Schneewittchen unter den sieben Zwergen. Es waren alles freundliche, lächelnde Männer. Allmählich, während wir den Tee schlürften, merkte ich mir die verschiedenen Gesichtszüge, erkannte ihre unterschiedlichen Akzente und konnte bald

In Dubai beobachtete ich neugierig Dhau-Zimmerleute bei ihrer Arbeit

die Belutschistaner von den Pakistanern, die Dubais von den Iranern und Beduinen unterscheiden. Der Gegensatz zwischen den Bootsbauern und den Seeleuten, jenen stolzen Männern, die Hand in Hand über den Strand spazierten, war auffallend. Letztere waren das Rückgrat der Flotte und stammten ursprünglich aus Kenia, Tansania oder Sansibar. Sie waren ehemalige Sklaven, aber nicht wie wir sie kennen, denn ich lernte am Golf, daß Sklave eine Art Ehrentitel war. Sie waren kostbare, teure Wesen, und man behandelte sie allgemein besser als nutzlose Freunde oder faule Verwandte.

Ich zweifelte nun nicht mehr daran, daß ich das Zentrum der Welt der Dhaus entdeckt hatte. Doch lagen immer noch Tausende von Reisekilometern vor mir, ehe ich einen Stift in die Hand nehmen und die Karte dieser Welt aufzeichnen konnte, und zu diesem Zweck mußte ich die Dhau kaufen, auf deren Deck ich nun saß und Tee trank. Daß ich keinen Pfennig Geld besaß, bereitete mir keine Kopfschmerzen. Irgendwie vermittelte ich den Zimmerleuten meinen Kaufwunsch, worauf mir mehrere Blätter mit wunderschönen arabischen Schriftzeichen in die Hand gedrückt wurden. Ja, verstand ich, es gab einen einzigen Eigentümer und keine siebenundfünfzig, wie ich befürchtet hatte. Man wiederholte mit gutturalen Stimmen einen langen Namen: Abdul Rahim Godai – der Mann, der den Schlüssel zu meinem Schicksal in den Händen hielt.

Hadschi Abdul Rahim Godai, iranischer Araber aus Dubai in der zweiten Generation, Händler und Schiffseigner. Als wir uns im Basar kennenlernten, saß er auf einem Stapel seiner Ware und hielt in der einen Hand ein weißes Telefon und in der anderen einen Taschenrechner. Unser Treffen verlief so reibungslos, daß ich einen kurzen Moment glaubte, mein Arabisch sei nun perfekt. Ich versuchte ihm von all den Komplimenten zu berichten, die ich über ihn gehört hatte, ihm die Schönheit seines Schiffes zu schildern und mich über die Gastfreundlichkeit seines Landes auszulassen, aber es gelang mir dann doch nicht so recht, und ich konnte nur zum hundertsten Mal wiederholen: *„Allah akbar – Allah karim."*

Ich bin überzeugt, daß dies dazu beitrug, daß ich die Dhau mit nur einem einzigen Verhandlungstermin und zudem recht preiswert erstehen konnte. Wir tauschten gegenseitige Versprechen aus. Ich versprach, sechzigtausend Mark bar zu zahlen, er versprach, damit einverstanden zu sein und mir dafür die Dhau zu überlassen.

Die Verhandlungen wurden von Abdul Rahim Godais Sohn übersetzt, der in London studierte und besser Englisch sprach als ich. Aber sein Vater und ich verstanden uns auch so auf Anhieb, und wir beide betrachteten den jungen Dolmetscher lediglich als notwendiges Übel.

Ich glaube immer noch, daß meine Kleidung und mein Vertrauen auf Allah anstelle von Gier und Gewinnstreben mir die Dhau sicherten. Ich war ein begeisterungsfähiger Mann, und die Araber lieben Menschen, die über den Horizont hinaus blicken. Daher werden so viele Dhaus auch heute noch von Seeleuten gesteuert, die auf den Wind lauschen und die Farben des Himmels beobachten. Viele Fahrzeuge sind inzwischen auch mit Maschinen ausgerüstet, aber man verläßt sich nur selten auf sie.

Mein letztes Problem war finanzieller Art. Ich mußte in den nächsten paar Tagen sechzigtausend Mark auftreiben. Das Filmbudget würde diesen Betrag niemals abdecken. Doch in meiner damaligen Stimmung ließ ich mich von nichts abschrecken. Ich stieg in ein Flugzeug nach Teheran.

Das Spiel

Am Flughafen erwartete mich Roberto Gancia. Er hatte in seinem Büro vier Pfund Kaviar aus den persönlichen Beständen des Schahs liegen und drohte, wenn ich nicht ein paar Tage bei ihm bliebe, um ihm alles zu erzählen, würde er alles allein aufessen. Ich hatte eigentlich nur wenige Stunden in Teheran bleiben wollen, ehe ich nach London weiterflog, aber die Vorstellung, einen Tag mit einem alten Freund zu verbringen, überzeugte mich, meine Pläne zu ändern.

Ich saß in Robertos Vorzimmer, während er mit hochgestellten Persönlichkeiten verhandelte. Wann immer er einen Moment Zeit hatte, hockten wir zusammen, falteten Papierflieger und schickten sie aus dem Fenster. Und als schließlich der letzte Besucher gegangen war, brachte er den Wodka und den Kaviar.

Ich berichtete ihm von meiner Begegnung mit der iranischen Marine in Khorramshar, meiner Motorradfahrt durch die Wüste und meiner schrecklichen Nacht im Krankenhausgefängnis von Bandar Linge. Er wiederum erzählte mir von seinen fast unglaublichen Transaktionen, bei denen es um Milliarden von Dollars, Billionen von Ölbarrels ging, und von Geheimtreffen zwischen Russen, Amerikanern und prominenten Saudi-Politikern. Die ganze Zeit über druckte das Telexgerät mir unverständliche Botschaften aus: „Pate krank. Bruder sehr durstig. Kannst du helfen? Drei Millionen Barrel reichen. Zwei Bohrstationen außer

Betrieb. Adnan schlägt wieder zu. Mark VIP kommt an Beirut 007."

Schließlich stellte er die bedeutsame Frage: Hatte ich eine Dhau gefunden? Ich war vorher zu aufgeregt gewesen, es ihm zu erzählen, doch jetzt berichtete ich ihm, daß ich die schönste Dhau der Welt aufgetrieben hätte. Sie sei mein, sobald ich sechzigtausend Mark zusammenbekäme.

Roberto zog ein Scheckbuch und stellte einen Scheck aus. Ich versuchte in davon abzuhalten, doch es war zwecklos. Er wollte, daß wir Partner würden. Ich könnte es ihm von den Erlösen des Films zurückzahlen.

„Aber keiner meiner Filme hat jemals Gewinn gemacht!"

„Auch egal", meinte er. „Die Dhau gehört uns, und wir werden zusammen segeln."

„Inshallah", fügte ich hinzu.

Es erstaunte mich, wie lässig Roberto mit Geld umging. Er hatte sich so daran gewöhnt, daß er sich nichts mehr dabei dachte, wie viele Nullen er an eine Zahl hängte. Ich wollte aber sein Geld nicht annehmen – nicht aus Prinzip, sondern weil dieser Weg zu leicht war.

Ich sagte ihm, ich hätte eine bessere Idee. Ich brauchte nur dreißigtausend Mark, um mein System am Roulettisch zu finanzieren.

Noch nie hatte ich Roberto so lachen hören. Er wollte oder konnte einfach nicht aufhören. Eine halbe Stunde und eine Flasche Wodka später sagte er, wenn ich ihn immer so zum Lachen bringen könnte, würde er mich für dreißigtausend im Monat einstellen. Dann zog er seinen Taschenrechner hervor und bat mich, ihm zu erklären, wie mein System funktionierte. Ich brauchte nur Chips, ein Rouletterad und ein grünes Tuch, meinte ich.

Wir spielten eine Versuchrunde, und um vier Uhr in der Frühe hatten wir theoretisch vierzehnhundert Dollar gewonnen. Roberto lachte nun nicht mehr, er war überzeugt. Hier ist nicht der Ort, das System in allen Einzelheiten zu beschreiben, doch ich möchte es kurz zusammenfassen:

Ich hatte in Monte Carlo ein Buch gekauft, in dem jede Zahl in der Reihenfolge ihrer Häufigkeit im Laufe eines Jahres aufgeführt war. Mein System, das sich nur mit einfachsten Wetten, Rouge und Noir, befaßt, basiert auf statistischen Zahlen. Beim Roulettespiel beobachtet man ein bestimmtes Muster, daß zum Beispiel auf Schwarz zweimal Rot folgt oder dreimal Rot auf zweimal Schwarz. Es gibt natürlich auch längere Phasen Rot oder Schwarz, aber mit abnehmender Wahrscheinlichkeit. Mit anderen Worten, die Chance, daß Rot nach achtmal Schwarz kommt, ist viel höher als Schwarz nach nur dreimal Rot. Je länger die Rot-Serie, desto wahrscheinlicher wird beim nächsten Spiel Schwarz eintreffen.

Jeder Spieler kennt diese einfache Regel. Da Casinos dafür bekannt sind, Kunden davon abzuhalten, die Bank zu sprengen, gibt es an jedem Roulettetisch eine Obergrenze für den Einsatz. Gäbe es dieses Limit nicht und man setzte zehn Mark auf Rot und verdoppelte den Einsatz bei jeder Schwarzfolge, könnte man immer weiterspielen, bis man seinen Verlust wieder wettgemacht hat. Da es jedoch eine Obergrenze gibt, braucht man zwei oder drei Leute, die ein Team bilden. So kann man das Limit heimlich ausweiten. Und genau aus diesem Grund ist solche „Teamarbeit" illegal.

Aber es ist den Hausdetektiven nicht immer möglich, herauszufinden, wer an den Tischen mit wem spielt. Drei Partner, die gut geprobt haben, können spielen, solange sie wollen, wenn sie an verschiedenen Tischen sitzen, sich keine Erkennungszeichen geben und rasch handeln, wenn einer ein Notsignal aussendet.

Wir verabredeten, daß ich nach London fliegen und Roberto eine Woche später in Genf treffen sollte. Er wollte inzwischen einen dritten Partner besorgen. Er stellte dreißigtausend Mark zur Verfügung, und wir gaben uns einen Monat, in dem wir die sechzigtausend zusammenspielen wollten.

In London fuhr ich sofort zur „Anglia Television" in der Park Lane, um ihnen bekanntzugeben, daß die „Welt der Dhaus" beileibe nicht gestorben, sondern sehr lebendig sei. Ich erklärte zudem, daß wir diesen Film nur drehen könnten, wenn ich eine

Dhau kaufte, und ich würde, *inshallah*, in etwa fünfundzwanzig Tagen verkünden können, daß wir das perfekte Schiff erstanden hätten. „Anglia" erklärte sich bereit, diese Dhau für mehrere tausend Pfund zu chartern.

Als ich Mirella erzählte, daß ich nach Genf wollte, um die Dhau am Roulettetisch zu erspielen, sagte sie einfach nur: „Du bist verrückt!"

Roberto rief mich aus Genf an und erzählte, sein Bruder Piero sei gerade auf Urlaub aus Rio de Janeiro angekommen und würde unser dritter Mann sein. Die Idee, Casinos an der Nase herumzuführen, reize ihn sehr. Wie Roberto hatte auch er das Geld nicht nötig. Für mich hingegen war die Sache von höchster Wichtigkeit.

Wir begannen mit fünf sehr gewinnträchtigen und aufregenden Tagen im Casino von Divonne. Wir spielten vorsichtig, wichen nicht von unserem System ab und gewannen vierzehntausend Mark. Dann machten wir uns aber Sorgen, daß wir bald als Team entdeckt werden könnten. So mieteten wir am sechsten Abend ein Motorboot und überquerten den Genfer See von Bourcinelle nach Evian. Es war eine eiskalte, aufregende Fahrt. Ich starrte auf die schneebedeckten Berge, während wir über den spiegelglatten See rasten, absolut sicher, viel Geld aus dem großen weißen Casino-Palast in Evian zu holen. Damit würden wir meine Dhau bezahlen, die jetzt noch auf dem Smugglers' Creek schaukelte, eine *sambuk* nach dem Vorbild von Vasco da Gamas Karavelle. Dann hatte ich blitzartig eine Idee. Ehrfürchtig und langsam sprach ich den Namen aus: „Mir-El-Lah". Ja, dachte ich, ich hab's gefunden: Mir-El-Lah. Hört sich arabisch an. Der Name klang nach Geheimnis und Schönheit.

„He", rief ich Roberto zu, der sich die Ohren mit den Händen zuhielt. „He, ich habe einen Namen für die Dhau gefunden!"

„Was hast du gefunden?"

„Einen Namen für die Dhau. Mir-El-Lah!"

„Mirella!" wiederholte er.

„Nein!" brüllte ich zurück. „Hör genau zu, du Dummkopf: Mir-Strich-El-Strich-Lah."

„Hört sich arabisch an", lachte er.
„Du hast's begriffen. Es ist Arabisch."
„Das wird ihr gefallen", rief er.
„Ich schulde es ihr. Sie hält es schon seit siebzehn Jahren mit mir aus."

Auf diesem Trip nach Evian fand ich zwar den Namen für meine Dhau, aber sonst nichts. Wir verloren. Unser Geld blieb in dem großen Stuck-Casino, obwohl wir, um das Glück zu zwingen, gemeinsam an seine weißen Mauern gepinkelt hatten. Wir hatten einfach Pech. Nach dreizehnmal Schwarz scharten wir uns um Roberto, doch ehe wir unsere Chips zusammenlegen konnten, um ihm zu helfen, näherte sich ein Angestellter, der wie Bogart in „Casablanca" aussah. Mit eisigem *„Je vous en prie"* schob er uns hinaus.

„Man kann nicht dauernd gewinnen", sagten wir uns auf dem Rückweg über den See immer wieder. Wir hatten einen Kasten eisgekühltes Kronenbourg-Bier in unserem Boot und kamen nie in Bourcinelle an. Wir verirrten uns im Nebel und trafen um Mitternacht in Genf ein.

Eigentlich mag ich Bier nicht gern, aber in jener Nacht wurde ich betrunken davon. Ich konnte unsere Verluste vergessen und glücklich und zufrieden schlafen. Es würde schon alles gutgehen.

Am nächsten Morgen fuhr mich Roberto zum Flughafen. Ich nahm das erste Flugzeug nach London. Wir hatten immer noch ein paar tausend Mark auf der Habenseite, trotz Evian.

Als ich Mirella meinen Gewinn zeigte, schnappte sie nach Luft und meinte: „Dafür wirst du doch hoffentlich nicht im Gefängnis landen!"

„Nein, das ist alles absolut legal", versicherte ich ihr. „Wir kämpfen als Haie gegen Haie. Nur erlauben die Casinos drei kleinen Haien nicht, sich gegen den großen, fetten zusammenzutun."

Wenig überzeugt starrte sie mich an. „Du Träumer! Man kann niemals mit einem System gewinnen."

„Du hast recht. Wenn man nicht rechtzeitig aufhört", gab ich zu.

„Weißt du denn, wann du aufhören mußt?" fragte sie.

„Ja, wenn ich habe, was ich brauche. Sechzigtausend Mark."

Mirella flog am folgenden Freitag mit mir und fühlte sich wie Alice im Wunderland. Wir aßen am Seeufer zu Mittag, Forelle blau und Chablis, anschließend Irish Coffee. Die Luft vom Mont Blanc wehte frisch und kühl herüber, überall flatterten bunte Fahnen, und alle Autos waren auf Hochglanz poliert und ohne jeglichen Kratzer. Die plastikartig wirkenden Menschen sahen alle aus, als trügen sie das Wort Geld auf der Stirn geschrieben, ungeheuer korrekt.

Mirella wollte unsere Aktivitäten im Casino nicht mit ansehen. Sie setzte sich lieber an die Bar und freute sich, wenn ich sie ab und zu besuchte.

„Gewinnst du?" fragte sie manchmal besorgt.

„Nicht schlecht. Eigentlich geht es verdammt gut. Sieh dir meine ausgebeulten Taschen an", flüsterte ich ihr zu. „Aber faß es um Himmels willen nicht an."

An diesem Tag hielt unser Glück an. Wir gewannen alle drei und brauchten an keinem Punkt die Hilfe der anderen. Danach speisten wir wie die Fürsten und bekamen eine astronomische Rechnung präsentiert. Ich nahm sie und schlich mich an einen der Roulettetische. Auf dem Notizblock eines Spielers erkannte ich, daß sechsmal hintereinander Rot gekommen war. Ich setzte tausend Franc auf Schwarz. Es kam. Ich strich meinen Gewinn ein, kehrte an den Tisch zurück und bezahlte die Rechnung mit dem Chip, den ich gerade gewonnen hatte. Eine Dhau-Besatzung hätte von diesem Betrag ein Jahr lang leben können. Höchst unmoralisch, dachte ich.

Mirella flog am nächsten Tag nach London zurück. Ich gab ihr einen Umschlag mit einem netten Sümmchen mit. Sie bat mich, mit dem Spielen aufzuhören, aber ich brauchte noch mehr.

Piero, Roberto und ich wechselten zum Casino von Saint Vincent in der Nähe von Aosta in Italien über. Als wir den Bergpaß hinauffuhren, hatte ich eine böse Vorahnung. Ich sagte zu Roberto, wir sollten mit dem Spielen sobald wie möglich aufhören. Wir benötigten nur noch fünfzehntausend Mark.

Eine Stunde später, als wir über neuntausend gewonnen hatten, meinte ich, wir sollten aufhören und gehen. Ich erkannte an ihren Blicken, daß meine Freunde bleiben wollten. Ich mußte nachgeben. Es war ja ihr Geld, mit dem wir spielten.

Das Casino wirkte kläglich und die Kunden billig. An diesem Abend verloren wir zwölftausend Mark und gewannen die Hälfte davon wieder zurück. Piero und Roberto lächelten nicht mehr, sie waren müde. Aber sie waren vom Dämon besessen, und wir spielten, bis unsere Augen gerötet und die Hände feucht waren. Als das Casino schloß, fuhren wir zum Flughafen.

Piero flog nach Brasilien zurück. Ich gab ihm einen Scheck über die verlorene Summe, aber er zerriß ihn. Er sagte, es sei sein Fehler gewesen, und meinte, ich solle ein niedrigeres Angebot für die Dhau machen, denn ich würde sie auch so bekommen. *„Allah karim"*, antwortete ich, froh, daß die Spielerei endlich zu Ende war. Wir hatten in einem Monat insgesamt zweiundvierzigtausend Mark gewonnen. Am nächsten Tag griff ich zum Telefon und diktierte ein Fernschreiben an Domenico Ravera, Khorramshar, Iran: „Hol vierundfünfzigtausend Mark von der First National City Bank Dubai und kaufe Dhau von Abdul Rahim Godai, Gruß Lorenzo."

Meine Dhau

Ich fand die Antwort bald in meinem Briefkasten: „Glückwunsch. Abdul Rahim Godai akzeptiert vierundfünfzigtausend. Dhau ‚Mir-El-Lah' jetzt im Smugglers' Creek nahe neue Brücke c/o Seif Mohammed. Ist nun dein Baby. Gruß Domenico."

Aus dem Telegramm faltete ich ein Papierschiffchen mit einem Streichholz als Mast, einem anderen als Bugflaggenstock und einer Briefmarke als Fahne. Aus zwei Zigarettenpapieren fertigte ich ein Lateinsegel und sagte dann vor mich hin: „Sooo!"

Der Traum war Wahrheit geworden. Das Problem bestand nun darin, ihn an die Wirklichkeit anzupassen. Ich betrachtete mein Papierschiffchen und blies es auf meinem Schreibtisch von Büchern zu einer Flasche und einem Aschenbecher, bis es schließlich vor dem Telefon strandete. Ich wählte die Nummer für ein Ferngespräch. Ich mußte mit Mirella sprechen, die gerade in Nairobi war.

„Ich bin jetzt Dhau-Eigentümer."
„Oh, mein Gott! Wie fühlst du dich?"
„Schwer zu sagen. Ich habe noch nie eine Dhau gehabt. Wir müssen jetzt handeln. *Alea jacta est.*"
„Wie?"
„Ich sagte, die Würfel sind gefallen."
„Okay. Aber bleib schön ruhig. Ich bin übrigens bald wieder zu Hause."

Dann rief ich Roberto in Mailand an. Er war nicht da, daher diktierte ich Domenicos Telegramm seiner Sekretärin. Ich beschloß, allein aufzubrechen, eine Entscheidung, die ich später bereuen sollte, denn ich fand nach mehreren Wochen in einem heißen Zelt heraus, daß ich nicht zum Einsiedler geboren war.

Zuerst war es die reine Freude, ganz allein zu sein. Der Himmel über Dubai war blau, und nach wochenlangen grauen Wolken und Nebel in Europa empfand ich die Sonne sanft und warm auf meiner Haut. Ich nahm mir am Flughafen ein Taxi und bedeutete dem Fahrer, mich zu Seif Mohammed in der Nähe der neuen Klappbrücke zu bringen. Ich schien der einzige Europäer in Dubai zu sein, der Geld ausgeben anstatt verdienen wollte.

Seit ich die Dhau besichtigt hatte, war nach Abdul Rahim Godais Wünschen und Vorstellungen daran gearbeitet worden. Mir schwirrte der Kopf vor Änderungen, die ich noch vornehmen mußte, während wir über die Brücke und die neue Straße hinunterfuhren. Links erstreckte sich eine Senke bis in die weite Wüste. Wir verließen die Straße und fuhren nun auf einem Weg parallel zum Creek. Drei Kilometer und mehrere Schlaglöcher und Stöße später erblickten wir mehrere Dhaus, die aussahen, als habe sie der Wind sanft aus dem Meer auf den Sand gehoben. Beim Näherkommen erkannte ich die Dhau – meine Dhau –, die unterhalb der Wasserlinie frisch weiß angestrichen war. Darüber glänzten die geölten Planken in der Morgensonne. Ihr Mast, der ein bißchen dünn wirkte, lag leicht schräg. Es herrschte Ebbe. Die Dhau stand hoch und trocken in einer Pfütze.

Es war ein angenehmer, ruhiger Flecken am Rand der Wüste, wo es nur ein paar Hütten und Unterstände gab. Ein dünner, hochgewachsener Mann in weißem *dish-dash* kam auf mich zu. Er bewegte sich rasch und war glücklicherweise nicht sonderlich redselig. Ich hätte ihn sowieso nicht verstanden. Er zeigte mir die „Mir-El-Lah" und wies auf die Veränderungen hin, die er inzwischen veranlaßt hatte, offensichtlich begierig, meine Meinung zu erfahren. Erst nachdem ich ihm einen halben Ohnmachtsanfall vorgespielt hatte, verstand er, daß ich sehr müde war.

Wir gingen zusammen zum Basar. Ich kaufte ein Zelt und schlug es später auf einer einsamen Düne zwischen der Dhau und den Baracken auf, wo die indischen und pakistanischen Arbeiter wohnten. Sie luden mich ein, ihr Wasser und Essen zu teilen, und zeigten mir einen großen Kühlschrank, in dem ich meine Getränke, Eier und Butter lagern konnte.

So begann meine Zeit in der Wüste. Morgens wachte ich vom Lärm der Zimmerleute auf. Dann schlug ich die Plane vor dem Zelteingang beiseite und blickte auf meine schöne Dhau im Sand. Seif mit seinen Heuschreckenbewegungen war immer schon auf den Beinen, erteilte Befehle, kontrollierte und beantwortete Fragen. Man unterhielt sich in Arabisch und Parsi – die Pakistaner und Inder mußten eben, so gut es ging, damit fertig werden. Aber sie alle waren schon seit Generationen Dhau-Handwerker, und nur wenig Zeit wurde mit Erklärungen vergeudet. Sie wußten genau, was sie zu tun hatten, und führten alles perfekt aus. Sie wirkten wie Bildhauer mit einem traditionsreichen Kunsthandwerk.

Insgesamt waren es etwa fünfzehn. Seif war ihr Meister. Er fuhr jeden Morgen früh mit dem Lastwagen in die Stadt und kehrte mit den Arbeitern zurück, die dort wohnten. Jeder trug sein persönliches Werkzeug in einem Strohkorb bei sich. Es wa-

Die Dhau-Zimmerleute benutzen zum großen Teil noch ihre alten, traditionellen Werkzeuge

ren überwiegend kleine, stämmige, kräftige und behaarte Männer. Sie waren glücklich, in einem reichen Land zu sein, überwiegend illegale Einwanderer aus dem Iran, Indien und Pakistan. Diejenigen in den Baracken waren neu angekommen und ohne Anhang und wollten hier ein neues Leben beginnen. Alle waren sehr freundlich. Sie begrüßten mich jedesmal herzlich und boten mir *chai* – Tee – an, immer und immer wieder *chai*.

Ich saß oft mit Seif im Schatten des Barackendaches aus Palmwedeln. Ringsum waren verschiedene Holzsorten gestapelt. Es war gutes Hartholz aus Burma, Malaya und Indien. Er beobachtete mich ununterbrochen, und sobald er sah, daß ich das Holz betrachtete, begann seine Pantomime. Ja, das sei gut – *taijib* –, starkes, unzerbrechliches Teak, Nummer eins, das beste, da gab es gar keinen Zweifel. Wenn mein Blick auf einem helleren, zerbrechlicher aussehenden Holz ruhte, nahm sein Gesicht den Ausdruck absoluten Abscheus an. Die Falten in seinem vierzigjährigen habichtartigen Gesicht vertieften sich, und seine Hand fuhr über seinen mageren Körper, als wolle er andeuten, das Holz sei schwach und nutzlos und man könne nur ein wertloses Haus damit bauen.

„*Dhau lah, dhau lah*", wiederholte er dann eindringlich. *Lah* bedeutet „nein" in Arabisch. Solches Zeug war einer Dhau nicht wert.

Seif Mohammed konnte sich nicht erinnern, wann und wo er geboren war. Aus seiner Jugend erinnerte er sich nur an das Meer, den Sand und die Dhaus. Sein Vater war Dhau-Bauer gewesen, sein älterer Bruder half damals bereits dem Vater. Der Bruder des Vaters baute ebenfalls Dhaus. Seif stammte ursprünglich aus Ras al-Khaima, ein paar Kilometer nördlich von Dubai.

Ich sehnte mich danach, mich fließend mit ihm und seinen Männern unterhalten zu können. Die Sprachbarriere war ein großes Problem, denn ich wollte so viel wissen. Man konnte von diesen Männern bestimmt unzählige Geschichten erfahren. Und da sie sich untereinander schon kaum verstanden, welche Hoffnung gab es da für mich?

Die Erdölära war hereingebrochen, und die alten Traditionen starben rasch aus. Mir war damals nicht wirklich bewußt, daß ich gerade noch rechtzeitig gekommen war, um das Ende des Zeitalters der Dhaus zu erleben.

Erste Priorität war für mich also, einen netten, intelligenten Dolmetscher zu finden. Abdullah, Abdul Rahim Godais Sohn, war dafür perfekt geeignet. Seif brachte ihn aus der Stadt mit. Ich malte eine Dhau in den Sand und erklärte ihm, was ich wollte.

Meine Hauptaufgabe bestand darin, eine Fischer-Dhau in eine Passagier-Dhau zu verwandeln. Die Schiffswände mußten dafür beträchtlich erhöht werden, damit ich sie auch für die längeren Fahrten benutzen konnte. Das Boot würde nicht so schnell Wasser aufnehmen und war so auch besser der Kraft des *shamals* und den südöstlichen Stürmen des Indischen Ozeans gewachsen. Ich mußte die Schotten ändern und sechs Bullaugen in das hohe

Achterschiff setzen lassen, außerdem mußten Kabinen, Kojen, Trennwände und Mannschaftsquartiere gebaut werden. Wenn wir fünfundvierzig Grad im Schatten überleben wollten, mußte es unter Deck eine Belüftung geben. Ich mußte eine Dusche und große Wassertanks installieren. Und so weiter und so weiter.

Da ich soviel wie möglich segeln wollte, mußte die Segelfläche vergrößert werden, dazu brauchte ich ein Bugspriet, einen Klüverbaum und die eine oder andere Winde, um Arbeitskraft zu sparen. Die Winden mußten stark genug sein, um die zwanzig Meter lange Latein-Rah und den schweren Anker zu heben. Jede Änderung bedurfte sorgfältiger Planung. Ich mußte die Maschinenabgase ableiten, den Auspuff mit dem fürchterlichen Gehäuse an Deck verschwinden lassen und darauf achten, daß die eleganten Linien des Boots nicht unter all den Änderungen litten. Der Auspuff wurde neu gebaut, indem wir einen Gummischlauch bis zum Heck führten. Ich brauchte Kenntnisse, die ich nicht besaß, doch Seif wußte auf alles eine Antwort. Allah sei gepriesen!

Nachdem ich alles in den Sand gezeichnet hatte, stiegen die vier Zimmerleute und ich an Bord. Diese vier Zimmermänner würden einen Monat für mich arbeiten. Ich schüttelte ihnen die Hände und fragte sie nach ihren Namen.

Wir aßen in der Baracke zu Mittag, wo ein indischer Junge einen Riesentopf mit Reis und Curry umrührte. Kabul sprach mit ihm, und er füllte auch mir einen Teller auf. Dann spülte er einen Löffel ab und reichte ihn mir. Ich versuchte zu bezahlen, doch Kabul lehnte es ab. Ich bestand jedoch darauf und erklärte, daß ich viele Tage, vielleicht sogar Wochen, da sein würde. Vermutlich wurde das Essen von den Arbeitern gemeinschaftlich bezahlt. Schließlich nahm der Junge das Geld an, und ich wußte, wo ich in Zukunft mein Mittagessen bekam. Satt und zufrieden machte ich ein Schläfchen, bis mich Hämmern weckte.

Khan und Kabul brauchten mich ab und zu. Ich wußte zwar nur wenig und sie so viel, doch sie mußten Umbauten vornehmen, mit denen sie nicht vertraut waren. Rückfragen waren unerläßlich, und so verloren wir kostbare Zeit. Wir konnten kaum miteinander kommunizieren, dabei waren in manchen Situationen Erklärungen überaus wichtig. Bestimmte Balken erfüllten einen bestimmten Zweck, den ich aber nicht begriff. Einmal wollte ich, daß ein kleines Stück Holz an der Vorderkabinendecke entfernt würde. Kabul aber rief: „Nein, nein" und deutete lachend auf den hohen Mast darüber. Erst da merkte ich, daß das gesamte Gewicht des Mastes durch dieses kleine Holzstückchen von der Größe einer Zigarettenschachtel an Ort und Stelle gehalten wurde.

An Bord einer Dhau gibt es viele solche Situationen, denn ihre Bauweise ist zugleich schlicht und praktisch, Jahrhunderte hindurch unverändert. Ein kleiner, handgeschmiedeter, aufs Deck genagelter Ring reicht, um die Rah mit dem mehrere hundert Pfund schweren Segel zu heben und zu halten. Die Takelage und Ausrüstung einer Dhau sollen den Zeiten widerstehen, müssen solide sein. Es gibt keine Instrumente, um Belastung, Spannung und Festigkeitsgrenzen zu messen. Wenn diese wichtigen Dinge nicht richtig angelegt sind, geht das Schiff unter. Die Instrumente, deren Test eine Dhau unterliegt, sind Sturm, Wellen, Winde und Riffe, und wenn sie die Prüfung nicht besteht, gibt es keine zweite Chance.

Die Araber, Pakistaner, Inder und Omaner bauten ihre Schiffe stark, um gegen starke Elemente gefeit zu sein.

Wenn man diese Leute bei der Arbeit beobachtet, lernt man, daß Stärke nichts mit brutaler Gewalt zu tun hat. Diese Zimmerleute haben Genie, und sie können sich keinen Fehler leisten. Das Ruder der „Mir-El-Lah" war zum Beispiel erstaunlich klein. Ich war der Meinung, daß es niemals ein nur fünf Fuß langes Außenbordmotorschiffchen wenden könne. Doch beim Segeln, in einem kräftigen *shamal*, mußte ich einen Flaschenzug anwenden, um es in den Griff zu kriegen. Erst da begriff ich, was mir Seif über die Größe des Ruders gesagt hatte.

„*Khalil?*" hatte er gesagt. „*Lah, lah, kebir!* – Klein? Nein, nein, groß!" Dann hatte er seine knorrigen Finger verschränkt, die dünnen, langen Hände geschüttelt und gesagt: „*Kebir*" – was auch stark und kräftig bedeutet.

Auf einer Dhau-„Werft" in Dubai

Seif schlug vor, anstelle einer Ruderpinne ein Rad zu nehmen. Er fuhr mit mir in die Stadt, und jetzt lernte ich zum ersten Mal das echte Dubai kennen. Ich war schließlich ein Dhau-Segler. Wir suchten ein gutes Steuerrad mit geschnitzten Speichen aus indischem Hartholz aus, mit Messingbeschlägen und Ringen, alles handgefertigt, handgeschnitzt, handgeschmiedet. Ich müßte sagen, fingergefertigt, denn das klingt noch präziser. Dhaus und ihre Ausrüstung sind alle fingergefertigt. Man brauchte sich nur die Finger der Arbeiter anzusehen und wie sie Holz, Messing oder Stahl anpackten, berührten, streichelten. Eine Dhau ist eher ein Holzschnitz-Kunstwerk als ein Schiff in Holzbauweise.

An jenem Nachmittag beobachtete ich Seif, wie er in einem weißen arabischen Haus ein wunderschönes, ein Meter dreißig hohes Rad befingerte. Er streichelte das geölte Holz, untersuchte es nach Rissen und suchte nach einem Vorwand, den Preis zu drücken.

„Sechzig Pfund", verlangte der hochgewachsene Mann im weißen *dish-dash*.

„Vierzig", kam die rituelle Antwort Seifs.

Stille. Die weißen Wände, die Holztheke, ein geschnitztes Steuerrad und zwei weißgekleidete Araber, die einen Handel abschließen. Mir blieb nur die Zuschauerrolle. Seif strich über das Rad. Er hatte einen Grund zum Feilschen gefunden: Eine Speiche wies einen kleinen Splitter auf. Triumphierend nahm er die Hand des Händlers und drückte dessen Finger auf die kleine Unebenheit.

„Fünfzig", sagte der Händler würdevoll. Seif zahlte. Das Rad gehörte uns.

Ich bat Seif, mich am Kanal gegenüber vom Palast von Scheich Rashid abzusetzen. Er fuhr mit dem Steuerrad auf dem Nebensitz weiter, weil er meinte, der Boden des Lastwagens sei nicht der richtige Platz für ein so schönes Stück.

Man kann nur schwer einen Ort beschreiben, an dem so viel geschieht. Man beginnt vielleicht mit der Beschreibung von Dutzenden und Aberdutzenden von Dhaus, die in Fünferreihen vor dem Betonpier liegen, der sich drei Kilometer weit in die Wüste erstreckt und sich dort zusammen mit dem Wasser des Kanals im leichten, hellbraunen Sand verliert. Es gibt alle Arten von Dhaus unter den Flaggen der Emirate, Sultanate und Scheichtümer. Es gibt zudem viele, viele neue Stahlschiffe zu sehen, Nutzkähne mit breiten Decks und riesigen, starken Motoren. Eins sah aus wie ein auf der Seite liegender Eiffelturm, der von einem kleinen Lotsenboot aufs offene Meer hinausgezogen wird.

Ich saß mit Kabul und Khan zusammen. Es war Freitag, der freie Tag in arabischen Ländern. Andere Männer in schlafanzugähnlichen Gewändern setzten sich neben uns in den weichen Sand. Wir tauschten Blicke aus. Wir verstanden und mochten uns. Ich kaufte für alle etwas zu trinken. Ringsum sah man die Holzbaracken, die Reste verfallender Dhaus, Skelette mit verstreuten Eingeweiden, alte rostige Motorblöcke, Wasser- und Dieseltanks, Kanister und Autoreifen. Hinter uns die Wüste und dreißig Kilometer landeinwärts die Sanddünen, weiter noch die Ruus Al Jabal, die Spitzen der Berge, die Küstenlinie, der ich bald folgen würde.

Der Koch der „Dhau-Handwerker-Wüstenkooperative" sprach ein wenig Englisch. Er setzte sich zu uns. Sein Name war Kharim. Er dolmetschte für mich. Dann setzte sich ein weiterer Matrose neben Kabul und Khan. Er wollte nach seiner Dhau sehen, die *Calafat* brauchte – kalfatern –, was bedeutete, daß die Ritzen zwischen den Planken mit geölten Baumwollstreifen verstopft werden mußten, um sie wasserdicht zu machen.

„*Sucram*", sagte er, legte die rechte Hand aufs Herz und bohrte seine Flasche in den Sand, damit sie nicht umfiel.

Ich wollte mehr über diese Männer erfahren. Wie wohnten sie, lebten sie, mit wem waren sie zusammen? Ich bat Kharim, für mich zu übersetzen, als ich mich mit einem weiteren Matrosen mit Namen Mohammed unterhielt.

„Wie alt bist du, Mohammed?"
„Siebenundzwanzig."
„Wo bist du geboren?"
„Abu Dhabi."
„Sind deine Mutter und dein Vater noch am Leben?"

„Nur meine Mutter. Mein Vater starb vor Jahren auf dem Meer – wo, weiß ich nicht. *Allah karim.*"

Hier unterbrach Kabul. „Jedes Jahr sterben viele hundert Menschen auf dem Meer. Vielleicht drei- oder vierhundert."

Das sagte Kabul zu Kharim, der es mir, so gut er konnte, in gebrochenes Englisch übersetzte und mit Zeichnungen im Sand ergänzte.

Mohammeds Vater war *sekoni*, ein Steuermann, auf einer sehr alten, lecken Dhau gewesen, die illegale Einwanderer von einem Ort südlich von Goa befördert hatte. Genau wie in alten Zeiten die Sklavenschiffe waren diese Dhaus mit Menschen vollgestopft wie Sardinenbüchsen. Sie waren unterwegs nach Arabien, Oman, den Emiraten, ihrem gelobten Land, denn zu Hause wartete nur der Hungertod auf sie. Von Zeit zu Zeit brach eine verfaulte Planke, gab nach, und Wasser drang ein. Wenn eine schwere See ging, setzte Panik ein, und die Dhau sank irgendwo auf dem Weg zur Straße von Hormus. Haie erledigten den Rest. *Allah akbar. Allah karim.*

Wenn eine Dhau vor einer Küste sinkt, werden viele Leichen an Land gespült, und noch wochenlang später ist der Strand von Treibholz übersät. Kabul erzählte mir, daß man am vorigen Abend auf dem Weg nach Ras al-Khaima drei Leichen gefunden hätte. Heute und morgen würde man sicher noch mehr entdecken. *Allah karim.*

So war auch Mohammeds Vater gestorben.

Alle Männer hier hatten diese Herausforderung angenommen. Manchen wie Kabul war es dabei gut ergangen. Er hatte seine Familie mitgebracht und wohnte am Rand von Dubai in einem Zimmer. Er hatte ein hübsches Sümmchen bei der „British Bank of the Middle East" gespart und zeigte mir sein Sparbuch. Dabei nickte er befriedigt. Auch Khan ging es gut. Dieser Job auf der Dhau war sein letzter. Bald würde er in einer guten pakistanischen Dhau lossegeln, um seine Familie zu holen. Zum ersten Mal sah ich Khan lächeln.

Ich fragte, welche Papiere sie besäßen, welche Identitätsnachweise. Kabul zeigte mir seine. Er lebte seit zwei Jahren in Dubai und hatte aufgrund seiner Fähigkeiten einen gewissen Status erlangt. Die Papiere blieben leer, bis eine bereitwillige Person etwas Amtliches eintrug, und Geld half immer, eine solche Person zu finden.

Aber wenn man gerade neu angekommen war? „Was ist mit ihm?" fragte ich und deutete auf einen kleinen Mann, der mit aufgestütztem Kinn zuhörte.

Seine Geschichte klang fast ebenso wie die Mohammeds, außer daß er nicht wußte, wo und wann er geboren war. Er hatte keine Familie. Er hatte kein Handwerk gelernt, konnte aber eine Dhau segeln, denn er hatte, seit er denken konnte, auf einer Dhau gefischt und gearbeitet.

„Ist er ein guter Seemann?" fragte ich.

„Ja."

Dann sollte er mitkommen, wenn die „Mir-El-Lah" segelfertig war. Wie hieß er?

Saker. Wer ihm den Namen gegeben hatte, wußte er nicht.

Saker hatte also keinerlei Identitätsnachweis. Er wußte, daß er Inder war, weil er die Sprache sprach. Er wirkte wie etwa fünfundzwanzig, und sein Leben bestand aus dem, woran er sich erinnerte.

Kharim meinte, das gleiche gelte für Tausende der Küstenbevölkerung. „Das Meer hilft", meinte er. „Es ernährt die Menschen, es ist zu groß, um nur von wenigen beherrscht zu werden. Man kann sich gut darauf verbergen. Leider gibt es viele schlechte Dhaus", erklärte er, „und wenn eine sinkt, dann ertrinkt man fast immer."

Ich fragte ihn, wie es möglich sei, daß so viele Leute illegal im Land lebten. Er meinte, die Araber seien großzügige Menschen. Sie brauchten fremde Arbeiter. Und wenn man gut war und Glück hatte, bekam man auch Papiere.

„Hast du denn welche?" fragte ich Saker.

„Ja, bald."

„*Inshallah*. Ich werde sie dir besorgen."

Das Vertrauen in Allah hat seine Grenzen. Ich bat Saker, mich im Dingi den Kanal entlang zum Zollamt zu rudern, wo ich mich mit einem Zolloffizier und dem stellvertretenden Hafenmeister Ali al Sakdoum befreundet hatte. Ich erklärte Sakers Fall und sagte, ich wollte ihn als Matrosen für meine Dhau.

Er betrachtete Saker von oben bis unten. „Ist er ein illegaler Einwanderer?"

„Er *war* illegal", antwortete ich.

Da lächelte Ali und meinte: „Okay. Wir werden ihm eine Identität geben."

Er hätte das Gesetz an Ort und Stelle durchsetzen und Saker deportieren können. Statt dessen aber setzte er sich an seinen Schreibtisch und stellte ein paar Fragen.

„Name?"

„Saker."

„Nachname?"

„Saker."

„Wo geboren?"

Saker blickte auf. Ich antwortete: „Bombay."

„Datum?"

„1955", sagte ich.

„Tag und Monat?"

Ohne zu zögern, erwiderte ich: „Elfter Mai." (Mein eigener Geburtstag.)

„Sohn des?"

„Waise . . ., Findling."

„Gegenwärtige Adresse?"

„Dhau ‚Mir-El-Lah'", antwortete ich für ihn.

„Größe?"

Ich griff Saker bei der Schulter und ruckte ihn hoch. „Ich bin eins achtzig. Schreib eins sechzig."

Ali senkte den Blick und schrieb: Eins sechzig.

Dann sagte er: „Du mußt zwei Fotos besorgen, und er muß hier und auf dem Papier mit seinem Daumenabdruck unterzeichnen."

Ich brachte Saker zum nächsten Fotoautomaten. Zehn Minuten später existierte Mister Saker Saker, indischer Seemann, als rechtmäßiger Bürger und ruderte mich zurück zur „Mir-El-

Lah". Ich hatte das Gefühl, als hätte ich gerade ein Kind adoptiert. Er arbeitete für mich, bis ich Dubai verließ. Dort blieb er, um Geld zu verdienen und sich eine Frau zu kaufen. Er meinte, das könnte er in fünf bis zehn Jahren harter Arbeit schaffen. *Inshallah.*

Die Welt der Dhaus ist eine Welt der Männer. Ich wußte, daß viele Zimmerleute wie Kabul verheiratet waren, aber sie luden mich nie ein, ihre Frauen kennenzulernen, und ich habe kaum eine zu Gesicht bekommen. Die Frauen sind hochgeschätzte Besitztümer, die man zu Hause behält und vor den Blicken anderer Männer verbirgt.

Eines Abends reichte mir Seif Mohammed einen Brief, der an „Lorenzo, Hinter der Brücke, Dubai" adressiert war. Er stammte von Muriel, einer Französin, die ich einmal zuvor gesehen hatte. Sie schrieb, sie liebe mich und wolle mit mir leben, während ich an meiner Dhau arbeitete. Ich fühlte mich einsam, und so schrieb ich nur das Wort „Ja" auf ein Teaktäfelchen und schickte es an die französische Botschaft.

Zwei Tage später zog Muriel in mein Zelt. Sie war groß und hatte langes, kastanienbraunes Haar, grüne Augen und große Füße. Sie hatte ihre vornehme Familie gegen sich aufgebracht, weil sie aus Versehen ein Schloß an der Loire niedergebrannt hatte. Deshalb hatte man sie nach Dubai zu einem Vetter verbannt, der bei einer Ölgesellschaft arbeitete.

Was für eine Erleichterung, endlich Gesellschaft zu haben! Wir spielten Schach und Backgammon unter der chinesischen Sturmlampe, die gespenstische Schatten auf die Planen warf. Das Geräusch des Windes, der den Sand gegen das Zelt wehte, gab uns das Gefühl, wir seien auf See.

Nachdem Muriel angekommen war, verging die Zeit rasch. Und bald war die „Mir-El-Lah" zum Stapellauf bereit. Seif Mohammed schmierte die Holzschienen, damit sie sanft hinabgleiten konnte. Wir entfernten die Stützen an den Seiten und ließen nur die Sandsäcke zurück. Da lag sie am Kanal, sanft gegen die Säcke gelehnt. Kabul hüpfte wie ein Frosch herum und schlitzte die Säcke mit dem Messer auf. Das Gewicht des Rumpfes drück-

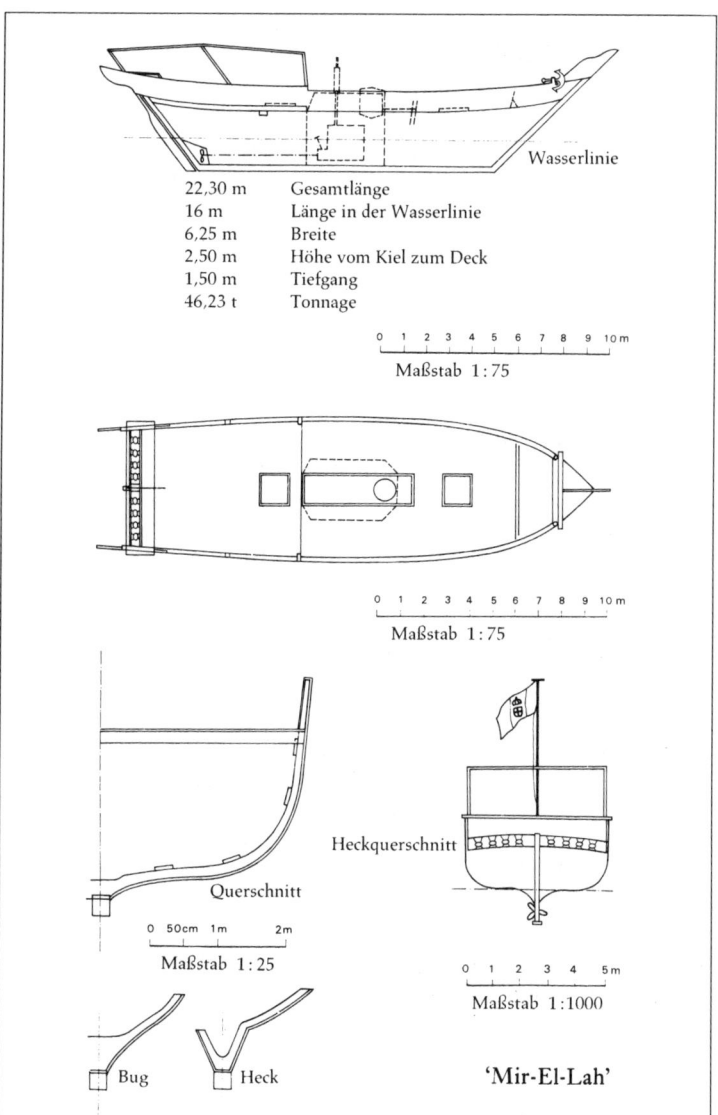

Wasserlinie

22,30 m	Gesamtlänge
16 m	Länge in der Wasserlinie
6,25 m	Breite
2,50 m	Höhe vom Kiel zum Deck
1,50 m	Tiefgang
46,23 t	Tonnage

Maßstab 1:75

Maßstab 1:75

Heckquerschnitt

Querschnitt

Maßstab 1:25

Maßstab 1:1000

Bug Heck

'Mir-El-Lah'

te den Sand langsam heraus, bis der Kiel auf den geölten Holzschienen ruhte. Einen Moment glaubte ich, Kabul würde zermalmt, aber er wußte genau, wieviel Zeit er hatte. Es war eine faszinierende Methode des Stapellaufs, so alt wie die Dhaus selbst. Das einzige Zeichen des zwanzigsten Jahrhunderts waren die zwei Armeelastwagen mit Autoreifen vor den Stoßstangen. Sie erinnerten mich an die zahmen Elefanten in Thailand, als sie langsam vorfuhren und die „Mir-El-Lah" sanft anstießen, bis sie sacht der steigenden Flut entgegenglitt, die sie bald ins tiefere Wasser trug.

Wir wollten gerade in Hurra-Rufe ausbrechen. Kabul stand noch neben dem Rumpf und erteilte Befehle, als die zwanzig Meter lange Rah vom Mast herabstürzte, ihn zwischen Hals und Schulter traf und ihn in den Kanal riß, wo er mit dem Gesicht nach unten im flachen Wasser liegenblieb. Wir alle glaubten, er sei tot.

Wir rannten zu ihm, holten ihn aus dem Wasser, wagten aber nicht, ihn zu transportieren, weil er vielleicht innere Verletzungen erlitten hatte. Seif und ich rasten ins Krankenhaus nach einem Arzt, während Muriel bei ihm blieb. Als wir zurückkehrten, war Kabul wieder auf den Beinen und sprach mit ihr. Der Arzt erklärte ihn für transportfähig.

Mehrere Faktoren retteten ihm das Leben: seine ausgeprägten Muskeln und die kräftigen Schultern, die dem Schlag widerstanden. Der Mastbaum hatte seinen Schädel nur um wenige Zentimeter verfehlt. Außerdem fingen genügend Wasser und Schlamm seinen Sturz auf.

Als ich mich überzeugt hatte, daß Kabul angemessen versorgt war, schickte ich an Domenico Ravera in Khorramshar ein Telegramm und berichtete, die „Mir-El-Lah" sei vom Stapel gelaufen. Er bestieg das nächste Flugzeug nach Dubai.

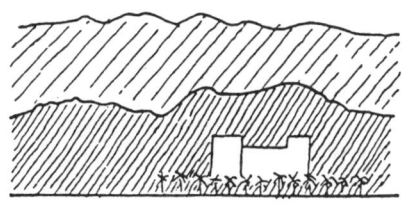

Jungfernfahrt

Wir luden Wasser, Brennstoff und Vorräte und verließen Dubai unter panamaischer Flagge, dem bequemsten Zeichen. Unter den gegebenen Umständen war es die einzige Flagge, unter der ich segeln konnte. Die „Mir-El-Lah" war im Emirat von Ras al-Khaima gebaut und halbfertig in den Dubai Creek geschleppt worden, wo Abdul Rahim Godai sie fertigstellte. Ich hatte sie nach meinen Bedürfnissen umgebaut. Ich bin Italiener, und die Dhau segelte nach Kenia, meinem Wohnsitz. Sie war von der „Anglia Television" gechartert, einer englischen Gesellschaft. Die „Mir-El-Lah" war die erste Dhau, die in Panama registriert wurde. Mir und meinen arabischen Freunden gefiel die wunderschöne, sternenübersäte Fahne des Landes. Sofort sprach sich in ganz Dubai herum, daß ich unter dem Schutz des „Sultans von Panama" stünde.

In der Welt der Dhaus wurde aus dem Namen „Mir-El-Lah" „Emir Allah" – „Gott ist König". Ich ließ beide Versionen auf ihren Bug malen, eine in westlichen Schriftzeichen, die andere in arabischen. Araber sind nicht besonders kleinlich, und der Unterschied wurde niemals irgendwo erwähnt.

Domenico Ravera übernahm das Kommando, denn ich befand mich ja auf meiner Jungfernfahrt und mußte bei dieser ersten Reise erst einmal so viel wie möglich lernen. Es war wunderbar, mit einem ausgebildeten Kapitän zu segeln. Mit uns kamen Muriel, Mohammed, der seinen Vater auf See verloren hatte, und ein weiterer Seemann namens Ali, ein Schwarzer aus Sur, dessen

Vorfahren vermutlich auf Sansibar gelebt hatten. Die beiden standen bis Khorramshar unter Vertrag, von wo aus sie nach Dubai zurückfliegen würden.

Bei Sonnenaufgang segelten wir in Richtung Khorramshar, tausend Kilometer weiter oben im Golf. Von dort aus wollten wir die klassische Dhau-Fahrt nach Afrika antreten. Der Dubai oder Smugglers' Creek hat auf seinem letzten Kilometer vor dem Golf zwei ausgeprägte Windungen. Er ist zudem sehr schmal, so daß in diesen Biegungen zwei Schiffe nur schwer aneinander vorbeifahren können. An dieser Stelle schwamm ein riesiger Supertanker auf uns zu, ebenfalls unter panamaischer Flagge, und er begrüßte uns mit mehreren Sirenenstößen. Erstaunlicherweise kamen wir gut aneinander vorbei. Ich stand am Steuer und bekam allmählich ein Gefühl für das schöne Rad. Domenico erteilte seine Befehle auf Marineart, und ich mußte ihn bitten, anstatt „Steuerbord" und „Backbord" doch lieber rechts und links zu sagen, weil ich das immer noch verwechselte. Ali stand unten an den Kontrollinstrumenten, und ich mußte ihm meine Befehle durch die Luke zurufen. Zumindest hatte ich schon gelernt, daß „voraus" vorwärts bedeutete, „achtern" rückwärts und „stop" stopp.

Die Maschine der „Mir-El-Lah" stampfte gleichmäßig, und als wir endlich draußen im Golf waren, überließ ich Muriel das Steuer und holte mein Angelzeug. Ich befestigte einen leuchtend gelben Plastiktintenfisch an einem kräftigen Haken, der an einer zwei Meter langen Stahlrute und dreißig Meter Nylonschnur hing. Dann sah ich zu, wie der Tintenfisch in unserer glatten Kiellinie auf und ab hüpfte. Eine glatte Kiellinie, so hatte man mir gesagt, bedeutet, das Schiff sei gut gebaut.

Ali und Mohammed hockten an Deck in Richtung Mekka und beteten. Sie hatten ihre Gebetsteppiche ausgerollt und blickten reglos geradeaus, ehe sie sich auf die Knie fallen ließen und mit der Stirn den Boden berührten, wobei sie sich mit den Handflächen abstützten. Das wiederholten sie mehrere Male, ehe sie sich auf die Fersen hockten und auf den fernen Horizont starrten. Ich las mit einem Auge den „Gulf Pilot" („Golf-Segelhandbuch"), während ich mit dem anderen auf Hindernisse und Fische auf unserem Kurs achtgab. Domenico nahm derweil die Messungen und Peilungen vor und prüfte den wunderschönen Kompaß, den er mir als Geschenk mitgebracht hatte. Muriel steuerte ohne die heftigen Korrekturen, die Anfänger oft vornehmen. Wir waren alle glücklich auf dem Meer, und das Meer schien froh, uns bei sich zu haben.

Um zehn Uhr abends übernahm ich meine Wache am Steuer. Wir sollten die Insel Sirri etwa dreißig Kilometer rechts von uns passieren – Steuerbord. Es war kalt; ich trug einen Pullover unter einer alten schwarzen Ölhaut von Domenico. Um den Kopf hatte ich den traditionellen rot-weiß karierten Turban auf Omaner-Art geschlungen. Eine dünne Wolkendecke verhüllte die sonst so strahlenden Sterne, nach denen ich mich richtete. Die „Mir-El-Lah" lief ordentlich. Der 90 PS starke japanische Motor, den ich zuvor für nicht ganz ausreichend gehalten hatte, gab uns etwa sechs Knoten bei halber Kraft und war noch nicht einmal eingefahren. Er klang jedenfalls gesund und vibrierte kaum.

Ich kannte mich noch nicht in allem aus und war mir meiner Grenzen sehr wohl bewußt, besonders bei Nacht. Es war, als würde man ein Auto ohne Scheinwerfer fahren. Stundenlang starrte ich auf die schwarze Wand, die mich umgab. Es wehte nur ein leichter Wind, der aber eine lange Dünung bewirkte. Ich fragte mich, ob ich wirklich lebte und die Hände um das Steuerrad wirklich die meinen waren.

Dann sah ich ein merkwürdiges Licht tief unten im Wasser. Grün glühend kam es näher und schien eine weite Fläche zu überziehen. Ich wechselte den Kurs, um es zu umfahren. Muriel schlief hinter mir auf einer Matratze. Ich rüttelte sie wach und zeigte ihr die Erscheinung.

„Was ist das?" fragte sie. „Ein U-Boot oder ein Monster?"

Wir waren nun fast auf gleicher Höhe. Ich hatte schon oft Phosphoreszenz gesehen, aber noch nie so wie hier. Es war ganz anders als jene, die ich in Kenia oder im Südpazifik erlebt hatte. Dann erblickte ich mehrere scheinbar neonbeschienene Torpedos, die direkt auf uns zuschossen: märchenhafte Tümmler, feenhaft beleuchtete grüne Wesen, gigantische Glühwürmchen des Meeres.

Muriel und ich beobachteten sie wie gebannt. Ich gab ihr das Steuerrad und setzte mich rittlings auf das Bugspriet. Auch die Bugwelle phosphoreszierte.

Dann tauchte Ali, der unsere aufgeregten Laute gehört hatte, an Deck auf. Er war nicht im geringsten erstaunt, denn die Erscheinung war für ihn nichts Neues. Wir sahen dieses Glühen später in der Nacht noch mehrere Male, manchmal sehr nah, dann wieder in der Ferne.

Die Dämmerung brachte die wunderbarsten Pastellfarben. Das Meer war spiegelglatt und ruhig. Kein Hauch war zu spüren. Die Sonne ging auf. Ich saß immer noch rittlings auf dem Bugspriet und sah unten im Wasser mein Spiegelbild.

Am vierten Tag liefen wir mitten am hellichten Tag auf Grund! In der Nähe von Ras Mutaf gibt es eine Sandbank dicht unter der Oberfläche, die sich über fast vierzig Kilometer Länge erstreckt. Die „Mir-El-Lah" verlor plötzlich an Geschwindigkeit, die Kielwelle wurde schmutzigbraun. Ich eilte in den Maschinenraum, drosselte den Motor und legte den Rückwärtsgang ein. Zu spät. Wir saßen fest.

Mohammed prüfte die Wassertiefe mit einer langen Bambusstange. Etwa zwei Meter. Nach viel Mühen und viel Geschrei pflügten wir rückwärts, bis wir wieder frei schwammen und unsere Kiellinie wieder grünlich aufschäumte. Domenico schlug vor, eine halbe Stunde lang nach Süden zu fahren, dann zwei Stunden nach Osten, ehe wir uns wieder in nordöstliche Richtung wandten.

An diesem Abend ging die Sonne unsichtbar unter. Gebirge zerfetzter Wolken wirbelten am Himmel wie in einem riesigen Strudel.

„Großer Wind", sagte Ali.

„*Shamal*, viel *shamal*", fügte Mohammed hinzu.

Wir befanden uns einen Tag und eine Nacht von Now Ruz entfernt, der nördlichsten iranischen Ölbohrstation im Golf.

Now Ruz – Neues Jahr – mit seinen „ewigen Gasflammen" markiert den Eingang zum Schatt el-Arab. Nach unserer Kursberechnung würden wir die roten Flammen gegen Mitternacht sehen.

Ali und Mohammed banden alle beweglichen Gegenstände fest. Die große Plane über dem Heck wurde festgezurrt und mit mehreren extra starken Planken an den Seiten befestigt, denn die „Mir-El-Lah" war noch nicht gegen schwere See gefestigt und für einen Sturm bereit. Wie alle Dhaus leckte sie etwas, und selbst an sehr ruhigen Tagen mußten wir den Kielraum zweimal täglich ausschöpfen. Die Decks waren zwar abgedichtet und mit Talg gefettet, aber die Speigatts waren zu klein, um das Wasser abzuleiten, wenn wir eine große Welle abbekamen. Ich fürchtete, daß der Maschinenraum überschwemmt werden könnte.

In weniger als einer Stunde schwoll der Wind stark an. Manchmal sahen wir flüchtig den Mond, wenn er hinter den tiefen, rasch dahinfliegenden Wolken auftauchte und wieder verschwand wie eine Hexenlaterne in einem finsteren Wald. Ali mühte sich an der Handpumpe ab, doch der Wind war so heftig, daß kein Tropfen aus der Pumpe nach außenbords fließen konnte. Das schmutzige Kielraumwasser bespritzte uns, durchnäßte uns und überzog alles mit stinkender Fettschmiere. Plötzlich traf eine schwere See die „Mir-El-Lah". Sie kämpfte tapfer dagegen an, doch als sie in das Wellental abtauchte, verschwand der Bug in einer zweiten, noch größeren Welle. Das war nun in der Tat ihre Taufe. *„Ego te baptismo ‚Mir-El-Lah' in nomine Patri et Filii et Spiritus Sancti"*, sagte ich und bekreuzigte mich – ich, ein Ungläubiger.

Ali und Mohammed arbeiteten nun mit Eimern und schöpften das hereinbrechende Wasser in die zwei einzigen Speigatts zu beiden Seiten des Hecks. Mir fiel der Motor und die Elektrik ein, und ich schnappte mit zwei Decken, während Muriel die Luke aufhielt. Ich glitt in den dunklen Bauch der „Mir-El-Lah", wo der wunderbare Motor immer noch trocken und ruhig vor sich hin dröhnte. Ich ließ die Taschenlampe aufblitzen und bemerkte Wasser auch hier unten, was bedeutete, daß wir die ganze Nacht weiterpumpen mußten. Vielleicht wurde der Seegang auch noch schlimmer.

Ich befestigte die Decken, so gut es ging, ohne daß sie den Motor berührten. Die „Mir-El-Lah" stampfte stoisch durch die Wellen. Plötzlich erfüllte ein blendender Blitz, gefolgt von einem Funkenregen und dickem, beißendem Rauch den Maschinenraum. Kurzschluß! Ich erstickte die Funken und Flämmchen am Plastikkabel um den Wechselstromgenerator und verfluchte mich, weil ich nicht früher darauf geachtet hatte. Unvermittelt wurde mir übel. Ich schaltete die Batterien ab und tauchte mit tränenden Augen und von den Dämpfen halb erstickt wieder auf Deck auf.

Domenico stand am Ruder, Mohammed pumpte, und Ali beobachtete die Nacht durch Domenicos Fernrohr, das er häufig mit dem Ärmel seines *dish-dash* abwischen mußte. Niemand sagte ein Wort. Ich lernte ein ungeschriebenes Gesetz des Meeres: Kümmere dich um deine eigene Sache. Ali und Mohammed wußten, daß die ganze Nacht über gepumpt werden mußte, und stellten dies keine Sekunde in Frage. Wir alle wußten, daß es ein Risiko gab, aber wir wußten auch, daß wir wenden, unser Segel setzen und vor dem Wind fortfliegen konnten. Im Moment konnten wir unseren Kurs nach Norden noch halten.

Ich erblickte keine Spur von Angst in den Gesichtern Domenicos, Alis oder Mohammeds. Diese Männer waren vom Meer gestählt und kannten die Spielregeln. Ich aber nicht. Ich war noch nicht trocken hinter den Ohren.

„Du bist dran", schrie mir Domenico durch den Sturm zu.

„Steuer sie leicht über die Wellen – gehe sie schräg an. Nicht stark, nur ein bißchen."

Ich hatte ihn aufmerksam beobachtet und begriff, was er meinte.

Ali ging nach vorn. Nach einer Weile kehrte er zurück. „Now Ruz", schrie er mir zu und deutete nach Osten. Ich sah nach einer Stunde zwar immer noch nichts, aber schließlich erkannte ich, was er schon so viel früher ausgemacht hatte: das flackernde, rote Glühen.

„*Taijib*", sagte Ali. „Gut."

Mohammed pumpte weiter. *Klonk, klonk, klonk.* Der Sturm ließ nach. Domenico hatte sich auf einer durchweichten Matratze ausgestreckt. Auch er hatte das rote Glühen gesehen. „*Ci siamo*", sagte er auf italienisch zu mir. „Wir sind da." Bei Tagesanbruch würden wir die Mündung des Schatt el-Arab erreichen. Das war eine schwierige Einfahrt mit vielen Sandbänken und dichtem Verkehr – nicht nur Dhaus, sondern auch Tanker tummelten sich dort in großer Zahl.

Der *shamal* ebbte ebenso rasch wieder ab, wie er entstanden war. Bei Tagesanbruch fuhren wir durch flaches, schlammiges Gewässer, umgeben von fernen Küsten. Zur Linken lag der Irak, rechts der Iran. Ali deutete nach Süden und sagte: „Kuwait." Ich sah nur einen Dunststreifen am Horizont.

„Kuwait?"

„Ja, Kuwait. Ja, ja. Sehr reich!"

Ich folgte seinem Piratenblick auf der Suche nach dem Goldstreifen, begierig, aber ohne Hoffnung.

„*Allah karim*", sagte ich.

„*Alla akbar*", antwortete er. Dann tranken wir einen Kaffee.

Den ganzen Tag tuckerten wir den Strom hinauf, vorbei an Dattelpalmenhainen, die beide Ufer des *schatt* säumten. In den grünen Sandsümpfen lagen Dhaus wie Wale, die in der Sonne faulten. Überall wurden neue Dhaus gebaut. Auf den Kanälen, die Wasser in die Dattelhaine leiteten, herrschte dichter Verkehr von „Gondeln", die man mit Staken bewegte und die übervoll mit Obstkörben beladen waren.

Wir hißten die iranische Flagge und hielten uns auf der rechten Flußseite, wo wir Schutz anforderten und erwarteten. Auf beiden Seiten gab es Geschützstellungen und Wachtposten. Nahe Khorrsamshar strotzten beide Ufer nur so von Maschinengewehren, Flugabwehrgeschossen, eingegrabenen Panzern, Radio- und Radarantennen. Ich versteckte mich hinter einem Planenbündel und betrachtete diese Zurschaustellung tödlicher Hardware durch mein Fernrohr. Diese leicht erregbaren, unausgebildeten Soldaten hatten nervöse Finger am Hahn. Es war wohl besser, sich behutsam zu verhalten, dachte ich, auch wenn die „Mir-El-Lah" auf dieser Wasserstraße zum biblischen Paradies hinauffuhr, dem Garten Adams und Evas.

Wir warfen mitten im Strom Anker, weil uns ein Schnellboot mit voller Fahrt entgegenkam. Ich unterbrach die Benzinzufuhr, und zum ersten Mal seit Tagen umgab uns Stille.

„Das überlaß mir", sagte Domenico. „Ich kenne hier jeden und regele das mit den Papieren, Pässen und Zoll- und Einwanderungsformalitäten. Du fährst inzwischen nach Hause und sagst Francesca, sie solle die vier Schnepfen anbraten, die ich im letzten Herbst erlegt habe."

Mir war in jenem Moment nicht bewußt, welch ungeheure Aufgabe vor ihm lag. Hinterher erzählte er mir, er hätte seine Brust dem Erschießungskommando dargeboten, falls wir uns als „schlechte Menschen" herausstellten, und daß er mit entblößter Brust zurückgeblieben wäre, bis alles zur Zufriedenheit der Behörden geregelt war. Es dauerte drei Tage, die leere Dhau freizubekommen und Ali und Mohammed nach Dubai fliegen zu lassen. Domenico kam nur zum Essen und Schlafen heim und verließ das Haus jeden Morgen sehr früh mit einer dicken Aktentasche.

Ich flog eine Woche später nach London, und Muriel kehrte wieder zu ihrem Vetter in Dubai zurück. Die „Mir-El-Lah" wurde aufpoliert und frisch geölt und lag immer noch mitten im Strom, als ich mich von ihr verabschiedete. Der brennend heiße Sommer, bei dem man glaubt, die Erde habe sich aus ihrer Verankerung gelöst und treibe immer dichter auf die Sonne zu, rückte näher.

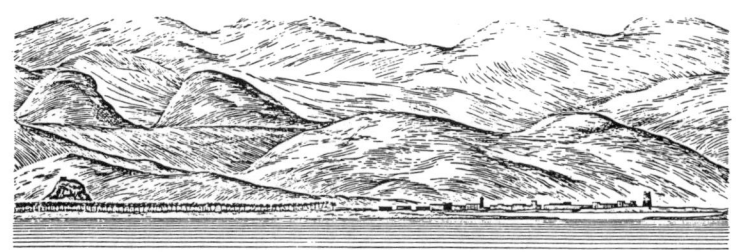

Die Reise beginnt

Im Oktober verließen Mirella und ich London und flogen in den Iran. Mit Mirella zu verreisen ist eine reine Freude, denn sie hat einen Blick für Schönheit und ungeheuer viel Humor. Mit ihr sehe ich immer Dinge, die mir allein niemals auffallen würden. Sie flattert wie ein Schmetterling von einem Motiv zum nächsten und hinterläßt dabei eine unordentliche Spur von Kameras, Filmen, Filtern und Linsen, die man von Neugierigen und Gierigen zurückerobern muß.

Trotz der intensiven Hitze reisten wir mit dem Auto durch den Iran. Wir besichtigten die Moscheen und Basare von Schiras. Von hier stammt ein Teil der Waren, die ihren Weg in die Laderäume der Dhaus mit Kurs auf Afrika finden. Schiras, das von Bergen umgeben liegt, war erfrischend kühl. Wir holten uns in dem Labyrinth seiner Straßen und im legendären Hauptbasar, der nach der heißen Sonne draußen so angenehm kühl und dunkel wirkte, wunde Füße. Das Getöse der Straßen klang hier seltsam gedämpft, alles schien nur zu summen. Selbst die Menschen wirkten anders auf uns: sie schienen nicht zu hasten, sondern zu gleiten. Es gab die schönsten persischen Handarbeiten zu sehen. Teppiche in jeder Größe, Farbe und Preisklasse lagen in großen Stapeln auf dem Boden oder hingen von Balken. Es gab Körbe und Tontöpfe, handbedruckte Stoffe von geheimnisvollem Ocker und Braun, handgewebte Wollschals in Dunkelrot, Grün und Gelb, Astrachan-Mützen und weite, flauschige Schaffellmäntel, so kunstvoll bestickt wie die dazu passenden Seidenstoffe. Es wurden aber auch Plastikkoffer und Eisenpfannen, Plastikschuhe und billige Spiegel, Kämme und Parfüm angeboten. Stapel klebrig-süßer Kuchen und Honiggebäck, von Fliegen dicht belagert, türmten sich auf großen Silberplatten. Und Teppiche, Teppiche, Teppiche...

Eine Weile lang hatten wir ein lautes Dröhnen vernommen, und als wir tiefer in den Basar eindrangen, wurde es ohrenbetäubend. Wir befanden uns in der Kupfergasse, die sich fast einen Kilometer weit hinzog. Zu beiden Seiten gab es kleine Stände, die wie dunkle, rußige Höhlen wirkten. Glühendheiße Brennöfen spien Funken aus, die rasch verglühten. Kleine, skelettdürre Männer arbeiteten wie Galeerensklaven über den Flammen und hieben mit kräftigen Hammerschlägen auf ihre Kreationen ein. Sie trugen schmutzige, zerlumpte Shorts. Die ausgemergelten Körper und Gesichter waren vom gleichen grauen Staub überzogen, der in der Luft hing und an allem klebte. Hohläugige, schweißüberströmte Gesichter starrten uns an. Mirella und ich sahen gebannt zu, wie die Kupferplatten mit unglaublichem Tempo und Geschick durch ihre Finger glitten und zu dickbäuchigen Wasserbehältern mit fein geschwungenen Henkeln wurden, zu langen, schlanken Vasen oder zu den wunderschön geformten Tabletts, die sich ringsum auftürmten. Als wir nach den Preisen fragten, eilten elegant gekleidete, glattzüngige Verkäufer mit Brillantinefrisur herbei und riefen nach der Waage. Was wir aussuchten, wurde gewogen und kiloweise verkauft. Die schwere Arbeit und die Geschicklichkeit der kleinen Männer, die über ihren Feuern schwitzten, schien niemand zu würdigen.

Beim Gang durch den Basar bemerkten wir Frauen, die sich von anderen unterschieden. Sie waren viel größer, hatten gerade Nasen, hohe Wangenknochen, dunkle, sonnenverbrannte Haut und einen stolzen Gang. Ihre langen, weiten, bunten Röcke wehten beim Gehen um ihre Beine. Sie trugen keinen Schleier und blickten uns mit ihren schwarzen, bohrenden Augen offen an. Es waren Qashqa'i-Nomaden, die zweimal im Jahr über die Berge und Ebenen des Iran ziehen und ihre Kamel- und Ziegenherden von der Sommer- auf die Winterweide treiben. Sie weben auch

Auf der Fahrt von Teheran nach Abadan stießen wir auf Nomaden

die wunderschönen Qashqa'i-Teppiche, die wir auf Dhaus in Mombasa und in den Basaren gesehen hatten.

Später, auf unserer siebenhundert Kilometer weiten Reise nach Abadan, stießen wir wieder auf sie. Eine lange Kette brauner, kraushaariger Kamele bewegte sich langsam neben ihnen – die eleganten, langen Hälse und schläfrigen Köpfe der Tiere schwankten im Rhythmus ihres gelassenen Gangs. Die Nomaden schlugen bei Sonnenuntergang ihre Zelte auf, die wie große schwarze Spinnweben an den in den Boden gerammten Stangen aussahen. Für die Weiterreise wurden sie säuberlich zusammengefaltet und auf die Kamelrücken geschnallt. Die Frauen setzten sich mit den Kindern auf die Pferde, wobei ihre bunten Röcke die Hinterteile der Tiere fast bis zum Boden verhüllten. Sie sahen aus wie spanische Señoritas auf dem Weg zu einer Fiesta.

Die Karawane mit ihren Hunderten von schwarzweißen, langhaarigen Schafen, Kamelen und Pferden bewegte sich nicht schneller als ein überladener Esel. Die Nomaden ignorierten jeglichen anderen Verkehr und die Schreie, Flüche und Zurufe ungeduldiger Autofahrer. Hier trafen sich zwei Welten, und jede beharrte für sich auf Vorfahrt. Für Mirella und mich war es, als seien die Uhren um ein Jahrhundert zurückgedreht worden, und wir reisten eine Weile langsam in der Gesellschaft dieser Menschen.

Wenn wir nachts fuhren, folgten wir den Abfackelfeuern, die von den Ölquellen oft Hunderte von Metern in die Luft zuckten. Die Erde rülpste ihr Gas in die Luft, wo der Mensch den endlosen Strom schwarzen Öls aus ihrem Eingeweide anzapfte. Wir kamen gegen Mittag in Abadan an und erreichten Khorramshar, unser endgültiges Ziel, eine halbe Stunde später. Bei der drückenden Hitze schwitzten wir ausgiebig. Mirella hielt das Klima besser aus als ich, vielleicht wegen ihrer Kindheit in Afrika. Der plötzliche Übergang von der Ofenhitze zu Domenicos klimatisierter Villa war fast zuviel für mich. Als ich am nächsten Morgen erwachte, fühlte ich mich so erstarrt, als hätte ich die ganze Nacht in einem Kühlschrank geschlafen.

Beim Frühstück fragte ich Domenico nach meiner Dhau, und er berichtete, daß sie fast fertig sei. Seine Zimmerleute, Abdul Faz und Ari, hätten sechs Monate lang daran gearbeitet. Ich freute mich über diese Nachricht und schlug eine Besichtigung für den Nachmittag vor. Die sengende Hitze hatte ich vergessen, weil ich mich inzwischen an die Klimaanlage gewöhnt hatte. Ich hatte auch den unerschütterlichen Optimismus meines Freundes vergessen.

Als wir durch das Haupttor zum Hafen fuhren, wurden wir von einem Wachtposten aufgehalten, der Domenicos Diplomatenkennzeichen mißtrauisch beäugte. Er betastete das Auto wie eine Fata Morgana. Dann trat ein wichtig aussehender Wachtposten hinzu, der einen Stern auf der Schulter trug. Beide starrten uns an wie wütende Stiere. Dann tauchte ein Mann mit zwei Sternen auf, gefolgt von einem mit drei Sternen, der zum Wachhaus zurückkehrte, aber nur, um mit einem mit vier Sternen zu-

Angehörige der Qashqa'i-Nomaden

rückzukommen. Dieser letzte eskortierte Domenico zum Wachhaus zu einer Konferenz, die sehr lange dauern sollte. Mirella und ich blieben im Wagen zurück.

Schließlich bekamen wir die Erlaubnis weiterzufahren. Wir kurvten durch ein vertrautes Labyrinth aus Autoreifen, zerbrochenen Kisten und Kästen, rostigen Autos und Maschinenteilen. Salzzerfressene Kühlschränke und Klimaanlagen standen in einer langen Reihe da, als warteten sie auf ihre Exekution. Dahinter lauerten Soldaten mit schußbereiten Gewehren, falls wir diese Schätze zu plündern gedachten. Wir fuhren am Kai entlang, bis er im sandigen Ufer verlief.

„Wir sind da!" rief Domenico triumphierend.

Als erstes bemerkte ich die zermalmte Ratte, die wir gerade überfahren hatten. Ihr Schwanz zuckte noch. Das Treibgut in diesem ölverschmutzten Hafen bestand überwiegend aus irgendwelchen Kadavern.

Dann sah ich meine „Mir-El-Lah". Sie lag auf der Seite in dem stinkenden flachen Wasser. Eine Nabelschnur aus schmalen Planken auf dünnen Holzstützen verband sie über Schlamm und Sumpf mit dem zwanzig Meter entfernten Ufer. Die große weiße Plane, die uns auf Deck Schatten gespendet hatte, war braun verfärbt und hing in Fetzen herab, von wochenlangem *shamal* durchlöchert. Die Planken hatten sich unter der sengenden Sommerhitze verzogen, waren ausgetrocknet und gesplissen. Eine tote Kuh mit aufgetriebenem Bauch, die Beine himmelwärts gestreckt, schaukelte gegen den Bug. Der Gestank war ekelerregend.

Ich starrte, die Mittagshitze vergessend, auf dieses Bild wie jemand, der zu spät zu einer Beerdigung gekommen ist.

Domenicos Stimme brach den Bann. „Ist sie nicht wunderschön! Ein bißchen angestaubt, aber wir haben sie bald wieder auf Vordermann. Die Planken haben hier und da ein paar Risse – da muß man ein wenig abdichten. Leinöl wird sie schnell wieder in die schönste Dhau auf dem gesamten Golf verwandeln."

Ich dachte daran, wie ich sie zuletzt gesehen hatte, mitten im Strom vor Anker, mit eingeöltem Holz, das in der Sonne wie

Gold glänzte, die weiße Plane straff und sicher am Mast festgezurrt.

Ich schaute Mirella an. Ihr Gesichtsausdruck spiegelte meine Gefühle wider.

„Die Vorstellung muß weitergehen", flüsterte ich ihr zu.

„Kommt mit", rief Domenico uns zu und setzte den Fuß auf den wackeligen Plankengang wie ein Seiltänzer. „Wenn das mich trägt, seid ihr beide auch sicher."

Bei diesen Worten hörte ich ein scharfes Knacken, und die Planke unter ihm zerbrach und ließ ihn bis zur Hüfte im Schlamm versinken.

Mirella und ich starrten zu ihm herab und versuchten nicht zu lachen, während er sich heraushmühte. Er hatte seine Espadrilles verloren, war aber ansonsten unbeschadet. Unbekümmert zog er die Hose aus, spülte sie im schmutzigen Flußwasser aus und zog sie wieder an. Ihn konnte man nicht so leicht erschüttern.

Wir liehen uns ein kleines Dingi und paddelten mit einem abgebrochenen Brett zur „Mir-El-Lah". Ich kletterte an Bord und zog Mirella hinter mir her, damit nicht auch sie in der stinkenden Jauche landete.

An Bord faßte ich wieder etwas Mut. Sechs sengende Monate in diesem Höllenpfuhl hätten jedes andere Schiff erledigt, nicht aber die „Mir-El-Lah".

Ich blickte Mirella an.

„Lorenzo, das geht nicht", sagte sie. „Wir schaffen das nie rechtzeitig. Die Arbeiten dauern doch mindestens noch einen Monat."

„Der Wind wartet aber nicht", gab ich zurück. „Wenn wir den Nordostmonsun verpassen, kommen wir nie nach Afrika."

Ich war immer noch zu niedergeschlagen vom Anblick der Dhau, um in Hörweite von Domenico mit ihr zu streiten, daher führte ich Mirella nach achtern und sagte: „Fahr nach Hause, Schatz. Es tut mir leid. Entweder habe ich schrecklich unrecht oder schrecklich recht. Aber da ich das nicht weiß, möchte ich durch dieses alles lieber allein gehen. Bitte, fahr nach Hause. Ich komme schon irgendwie nach Mombasa."

Ich merkte, daß sie etwas sagen wollte, vermutlich etwas Freundliches und Nützliches, aber ich hörte ihre Stimme nicht. Dann konnte ich sie plötzlich nicht mehr erkennen. Ihr Gesicht wurde plötzlich verschwommen und undeutlich.

Als ich aufwachte, lag ich im Krankenhaus. Ich hatte heftige Kopfschmerzen, und meine Zunge schien zu groß für meinen Mund. Meine Finger kribbelten. Mirella saß am Fußende. Sie schlief. Ich blickte sie an und wartete, daß sie aufwachte, aber ich muß selbst wieder eingeschlafen sein.

Als ich wieder aufwachte, war der Raum voller Menschen: Mirella, Domenico, seine Frau Francesca, ihre Enkelin Raffaela, ein Arzt, eine Krankenschwester und die Zimmerleute Abdul Faz und Ari. Sie sprachen gedämpft miteinander – ich hörte, wie sie sagten, ich hätte einen Hitzschlag gehabt. Dann trat Mirella zu mir und nahm meine Hand. Sie erzählte, wie ich bei unserer Unterhaltung auf Deck plötzlich zusammengebrochen sei. Meine Augen seien geöffnet und der Puls sehr schwach gewesen. Sie sei sehr erschrocken, denn sie hätte fest geglaubt, ich würde sterben. Der unbeeindruckbare Domenico hatte sie aber beruhigt.

Nach drei Tagen war ich wieder auf den Beinen. Ich erholte mich rascher, als die Ärzte geglaubt hatten. Sobald ich die Sonne aushalten konnte, machten Mirella und ich uns an die Mammutaufgabe, die Dhau zu renovieren. Wir stellten weitere Zimmerleute und Segelmacher ein und beteiligten uns selbst an den Arbeiten. Unser Zeitplan drängte uns zur Eile.

Doch trotz all unserer Anstrengungen war mir klar, daß die „Mir-El-Lah" niemals rechtzeitig fertig sein würde. Es ging mir eigentlich nur darum, sie seetüchtig zu machen, die Planken abzudichten, die Segel zu verstärken, Kompaß, Motor und Elektrik zu überprüfen und einsatzbereit zu machen. Weniger wichtige Dinge überließ ich Mirella und Domenico. In dieser Zeit plagten mich immer wieder Selbstzweifel. Immer wieder fragte ich mich, ob ich die Dhau überhaupt allein handhaben konnte und ob ich nicht völlig verrückt sei, so etwas zu wagen. Die größte Angst hatte ich vor dem Segeln bei Nacht. Mir schien einfach unglaublich, daß man eine Dhau in unbekannten Gewässern und bei Dunkelheit mit nur einem Kompaß, den Sternen, einer Karte und gelegentlichen Küstenlichtern als Wegweisern steuern konnte.

„Man muß nachts besonders auf die Tanker achtgeben", sagte Domenico mit seinem Mona-Lisa-Lächeln. „Die pflügen mit zwanzig Knoten durch die See, können einige hundert Meter lang und eine Dreiviertelmillion Tonnen schwer sein. Bis so ein Tanker dich sichtet – wenn er es überhaupt tut – und den Kurs ändert, hat er schon mehrere Meilen zurückgelegt. Eine Dhau ist für ihn nicht viel mehr als ein Stück Treibholz, und wenn er dich rammt, merkt er es gar nicht."

„Was zum Teufel soll ich denn tun, wenn ich einem begegne?" fragte ich. „Den Kurs ändern?"

„Gütiger Gott, nein! Wenn du auf Kurs bist und Vorfahrt hast, fahr weiter. Wenn ihr nämlich beide den Kurs ändert, kommt es mit Sicherheit zu einem Zusammenstoß. Das geschah seinerzeit mit der ‚Andrea Doria' und der ‚Kungsholm'", fügte er hinzu.

„Aber wie kann ich wissen, daß ich auf dem richtigen Kurs bin und Vorfahrt habe oder wie man das nennt?" fragte ich.

„Ganz einfach. Achte auf die Navigationslichter, und denk daran: Grün auf Grün und Rot auf Rot. Dann halte den Kurs – und volle Fahrt voraus."

„Aus welcher Entfernung kann ich die Lichter denn erkennen?" fragte ich mit zunehmender Beklemmung.

„Hängt vom Wetter und der Sicht ab. Manchmal ist das nicht so leicht", antwortete er.

„Wie oft ist manchmal?"

Domenico zuckte die Achseln. „Vielleicht sechzig Prozent. Aber mach dir keine Sorgen. Es wird schon gutgehen. Schwierig wird es erst, wenn mehrere andere Schiffe um dich herum sind. Dann mußt du genau aufpassen. Aber du bist ja jetzt der *nakhoda*, und das ist nur eins von deinen vielen Problemen. Vielleicht solltest du dir noch ein Radar oder einen Reflektorschirm anschaffen. Kleine Holzschiffe sieht man auf den Tanker-Radars nicht sehr gut."

15. November. Ich wachte mit guter Laune auf und beschloß, an diesem Abend loszusegeln. *Inshallah!* Wenn ich die Dhau nicht nach Mirella benannt hätte, hätte ich sie wohl „*Inshallah*" getauft. Ich schrieb unsere Route auf ein Blatt Papier und pinnte es an den Mast:

Die „Mir-El-Lah" segelt heute abend über Abadan, die arabischen Golfhäfen Dubai, Khasab, Khor Fakkan, Muscat, Sur, Ras-al-Hadd, Masira, Salalah, Mukhallah, Ras Hafun, Mogadischu, Lamu, Kilifi nach Mombasa (Ostafrika). Inshallah.

Ich beschloß, am Abend loszusegeln, weil die Dunkelheit meine Angst verbergen würde. Außerdem plante ich, bei Tagesanbruch die Mündung zu erreichen. Dort würden mich neue Probleme erwarten: wandernde *maraqqat* – Sandbänke –, ein- und auslaufender Verkehr, Ozeandampfer und Tanker ...

Wir verließen Khorramshar zum vorgesehenen Zeitpunkt und mit einer neuen Besatzung: mit Ahmed und Shaiyad, die Domenico ausgesucht hatte. Es war mit Sicherheit eine Sindbad-Reise im zwanzigsten Jahrhundert, mit Terminen und Verabredungen, die eingehalten werden mußten, ein Trip, auf dem ein Film gedreht werden sollte. Doch ohne dieses Programm und den Druck hätten wir sie nie unternehmen können.

Ich folgte den Spuren Sindbads, aber nicht in seinem Tempo. Ein starker Dieselmotor würde uns voranbringen, wo Sindbads Segel schlaff auf Wind hätten warten müssen. Das war ein notwendiger Kompromiß. Kein Wind – laß den Motor an! Wenn du nicht schlafen kannst – nimm eine Pille! Wie klug wir doch heute sind. Wir glauben, alle Antworten zu kennen.

Vom Karun aus fuhren wir in den Schatt-el-Arab ein und wandten uns bei Abadan, das nur ein paar Meilen weiter lag, nach links.

An beiden Ufern konnte ich die kleinen Lichter erkennen, die in den Dattelhainen brannten: Holzkohlenfeuer und Sturmlaternen vor den Hütten der Dattelanbauer und Pflücker, winzige Fragmente aus der Welt der Dhaus.

Ahmed, mein zuverlässiger und erfahrener Begleiter

Langsam wurde mein Traum Wirklichkeit. Ich war nun einer der tausend Sindbads, die auf dieser Route an die ostafrikanische Küste gesegelt waren. Ich versuchte auch mit Sindbads schlichtem Verstand zu denken. Mir war wichtig, ob das immer noch möglich war. Vielleicht hatte mich das aufs Meer und in dieses Abenteuer getrieben?

Ich hatte mich zu Beginn der Reise natürlich gefragt, ob ich sie auch ohne den Motor schaffen konnte. Ich fühlte mich versucht, es herauszufinden, indem ich ihn einfach abschaltete und den Golf nur mit Hilfe des Windes, der Gezeiten und Strömungen befuhr. Aber selbst wenn ich genügend Zeit hätte – würden mein Verstand und meine Nerven eine derart verlangsamte Reise aushalten?

Als ich die Lichter am Ufer betrachtete, sehnte ich mich danach, die Menschen kennenzulernen, die in diesen Hütten wohnten, ihr Schicksal zu teilen, ihre Namen zu hören und von ihren Familien und Träumen zu erfahren. Statt dessen konnte ich nur einen oberflächlichen, flüchtigen Blick auf sie werfen und versuchen, eine Welt zu filmen, die rasch im Verschwinden begriffen war, wie ich es auf meinen Film zu bannen trachtete.

Aus diesen Überlegungen brachte mich ein scharfer Geruch von verbranntem Gummi und Schmierfett in die Wirklichkeit zurück. Rauch drang durch die Kabinenfenster, und ich brüllte Ahmed zu, die Maschine zu drosseln und das Steuer zu übernehmen.

Ich machte die Rauchquelle in der Achterdeck-Kabine unter den Decksplanken aus.

„Stopp!" gellte ich Ahmed zu. „Stopp!"

Während Ahmed den Anker warf, hob ich die Bretter an und entdeckte, daß die Maschinenwelle glühend heiß gelaufen war. Nur wenige Minuten später wäre ein Feuer ausgebrochen. Doch sobald der Motor abgestellt war, verwehte der Qualm, und nur das schwarze Schmierfett an der Welle, die sich langsam wieder blau verfärbte, kochte noch ein wenig.

Meine Inkompetenz als Mechaniker kommt nur meiner absoluten Ignoranz hinsichtlich mechanischer Prinzipien gleich. Ein

Maschinenschaden war immer eine meiner größten Befürchtungen gewesen. Jetzt brauchten wir Hilfe vom Land, denn keiner von uns hatte eine Ahnung, wie man so etwas repariert. *Allah karim! Allah akbar!*

Nachdem der Motor zum Schweigen gebracht worden war, lagen wir friedlich zwölf Meter vor dem iranischen Ufer vor Anker. Eine fast magische Veränderung schien vorzugehen: Die hohen Dattelpalmen flüsterten im Nachtwind, Regenpfeifer waren zu hören, die neuen Planken knarrten, weil sie sich an den Teakrahmen gewöhnen mußten. Wir waren wieder in einen zeitlosen Zustand verfallen. Jetzt bekam ich allmählich das Gefühl, daß mir diese Reise das geben würde, was ich suchte: Zwischen Filmterminen und zahllosen anderen Problemen würden Mirella und ich einen Hauch von der Welt der Dhaus mitbekommen. Mit dieser Hoffnung schlief ich ein.

Am nächsten Morgen winkten wir eines der vielen Versorgungsfahrzeuge herbei, die zwischen dem Schatt-el-Arab und den Ölbohrstationen pendelten. Die „Artiglio" gehörte einem italienischen Freund aus Khorramshar und war an die Agip, die italienische Ölgesellschaft, verchartert. Der Ingenieur kam an Bord und sah sich den Schaden an. Er hieß Frederick, war klein, rund und weiß wie eine Knoblauchzehe, denn er lebte fast ausschließlich in seinem Maschinenraum, wo er mehr Bier trank als die Motoren Diesel. Er verdiente viel Geld und war froh, wie er mir sagte, bald in seine Heimat Österreich zurückkehren zu können, wo er sich einen Bauernhof kaufen wollte. Nachdem er die Maschinenwelle untersucht hatte, kam er zu mir, wischte sich die Hände an einem Tuch ab und griff nach dem angebotenen Glas Bier.

„Die Welle ist verzogen", erklärte er. „Die Hitze im letzten Sommer hat das Holz ausgetrocknet, und die Maschine ist mindestens zwei Zentimeter abgesunken. Das ist ein Teufelsjob! Die Welle ist verbogen und muß gerichtet werden." Als er mein entsetztes Gesicht sah, schlug er mir auf den Rücken. „Machen Sie sich keine Sorgen, ist doch nur ein Stück Metall, und kein Metallstück sollte einen Burschen traurig stimmen, der eine solche

Frau hat!" Er kicherte und schwenkte sein Glas Mirella zu, wobei er etwas Bier verschüttete. „Ich reparier' Ihnen das. Wird nicht ewig halten, aber es bringt Sie bis Dubai."

Am nächsten Abend – und nach einem Kasten Bier – setzten wir die Reise flußabwärts fort. Trotz Fredericks Versicherungen war ich nun ängstlicher als je zuvor. Mirella und ich sogen immer wieder prüfend die Luft ein. Viele Male versetzte uns der Geruch von Feuern am Ufer oder der Ölgestank von Abadan in Panik und ließ uns in den Maschinenraum hetzen.

Abadan, einst die größte Ölraffinerie, war von der Zeit überholt worden. Die rostigen Kräne hingen herab wie Spinnweben in einem unbewohnten Haus. Verlassene Schiffe dümpelten vor der Küste. Das Wort Umweltverschmutzung mußte eigens für Abadan erfunden worden sein.

Südlich des Hafens floß der Strom rascher, weil er breiter wurde. Zahllose Fischerboote schienen dort zum Selbstmord vor einem Schiffsbug entschlossen. Ahmed erklärte, die einzige Chance dieser Fischer, zu einem Fang zu kommen, sei, zwischen den zahlreich vorbeifahrenden Schiffen ihre Netze über den Strom zu spannen. Sobald wieder ein Schiff herankomme, müßten sie die Netze einholen, damit sie nicht zerfetzt werden.

Als der Mond um etwa vier Uhr morgens unterging, hängten wir eine Sturmlaterne vor den Bug, damit uns die Fischer rechtzeitig erkannten. Ich drosselte das Tempo auf ein Minimum und schickte Ahmed nach vorn. Er war stolz auf seine Sehschärfe. Mit seiner ausgeprägten Hakennase wirkte er ohnehin wie ein Habicht. Ich konnte vom Steuerrad aus seine geisterhafte Gestalt am Bugspriet erkennen. Hin und wieder hob er den rechten oder linken Arm, um mir einen Kurswechsel anzudeuten.

Es war nicht mehr lange bis zur Dämmerung. Ich roch sie, ehe ich sie wahrnahm.

Plötzlich spürte ich einen leichten Schlag am Schiffsrumpf und sah, wie Ahmed ins Wasser spähte. Er kam nach achtern.

„*Allah akbar*", sagte ich. „Was ist los?"

Ahmed liebte es, wenn ich seinen Gott pries. Er hatte mich gebeten, nicht „Gottverdammt" zu sagen, wie ich es oft tat.

„*Allah karim*", lautete die rituelle Antwort.

Ich hörte eine Stimme, eine unvertraute Stimme. Es war weder Mirellas noch Shaiyads. Ich lauschte und vernahm sie erneut. Sie kam nicht von unter Deck her. Ahmed trat an die Reling und schickte einen Strom gutturaler Laute aufs Wasser hinab. Dann bedeutete er mir, den Motor abzustellen.

Ich legte den Leerlauf ein und trat zu Ahmed und Shaiyad, der aus der Vorderkabine an Deck gekommen war und eine Taschenlampe mitgebracht hatte. Wir blickten über Bord in das entsetzte Gesicht eines arabischen Jungen in einem Kanu.

Irgendwie hatte sich ein Seil von seinem Kanu in unserem Ruder verfangen, und wir hatten ihn mitgezogen, bis wir das leise Aufschlagen gehört hatten. Der Junge hatte eine schreckliche Strafe von uns erwartet und zunächst geschwiegen. Noch mehr aber hatte ihn wohl später geängstigt, zu weit von zu Hause fortgezogen zu werden, und so hatte er zu seufzen und zu beten begonnen. Ahmed rief dem verstörten Jungen etwas zu, das viel mit Allahs Gnade zu tun hatte, und ließ ihm an einem Seil ein Messer hinab. Die Angst verschwand aus seinen Augen, als er sich losschnitt. Wir sahen zu, wie er in unserer Kielwelle nach hinten driftete. Ringsum zog die Dämmerung herauf.

Das Gewirr aus schwarzen Schatten wurde blasser, und eine nach der anderen zeichneten sich die Dattelpalmen vor dem hellblauen Himmel ab. Hunderte von Vögeln erhoben sich gen Osten und begrüßten die Morgensonne mit ihren Rufen. Der Schatt-el-Arab, der hier viel breiter war, wirkte nun mahagonibraun wie die fernen Berge von Dashistan und Tangistan. Die Sonne über der weiten Flußmündung war schwarz. So etwas hatte ich noch nie gesehen, und ich fragte mich, ob es eine Sturmwarnung bedeutete. Doch als wir die letzten Dattelhaine hinter uns ließen und die schlammigen Ufersümpfe erreichten, brach sie aus ihrer Umhüllung und überflutete den Himmel mit orangefarbenem Licht.

Bald waren wir in Gesellschaft – angenehmer Gesellschaft: Aus den Seitenkanälen und Dörfern strömte eine kleine Flotte Fluß-Dhaus, so schwer mit frischem, grünem Gras beladen, daß die Rümpfe kaum zu sehen waren. Wir fuhren auf einen kleinen iranischen Zerstörer zu, der mitten im *schatt* vor Anker lag und an dem mehrere Dhaus festgemacht hatten. Als die Besatzung unsere panamaische Flagge erblickte, schrien sie sich fast heiser, um Platz für uns zu schaffen. Doch erst als ein Offizier, der aussah wie eine getrocknete Feige mit Perücke, mit einer Pistole an Bord sprang, gefolgt von sechs Matrosen, merkte ich, daß es kein freundliches Willkommen bedeutete.

Er richtete die Pistole auf meinen Kopf und schrie Ahmed in Parsi Beleidigungen zu. Als er nach Luft schnappte, wandte sich Ahmed hilfesuchend an die übrigen Männer. Die schüttelten die Köpfe wie Marionetten und machten deutlich, daß sie hinter dem Offizier standen. Ich wollte Ahmed schon fragen, wann wir vor dem Exekutionskommando antreten müßten, aber ich fürchtete, der Scherz würde kaum verstanden werden. So holte ich lieber den Stapel an Dokumenten hervor, die ich bei der Kaiserlich-Iranischen Marine, der Savak und der Zoll- und Einwanderungsbehörde von Khorramshar gesammelt hatte. Sie waren sehr eindrucksvoll mit ihren fünfundfünfzig Stempeln.

Die getrocknete Feige fegte die kostbaren Papiere verächtlich beiseite und schritt, begleitet von zwei Matrosen, auf die Kabine zu. Ich schoß hinter ihm her, weil ich fürchtete, sie würden eine von Mirellas Kameras stehlen. Doch es war zu spät. Als die Feige die Kameras erblickte, machten sich auf seinen Zügen Mißtrauen und Triumph breit. Jede Kamera wurde an Deck gebracht und auf die Maschinenraumluke gelegt.

Wir waren von grasbeladenen Dhaus und Dutzenden von Sindbads aller Altersgruppen umgeben, die sich über den Anblick einer unverschleierten Frau freuten und begierig auf den nächsten Akt des Dramas warteten. Entzückt von einem solchen Publikum stand die Feige auf und begann eine lange, leidenschaftliche Rede.

Ich bat Ahmed, mir zu sagen, was er von sich gab.

„Sehr, sehr schlecht ..., Spione ..., Feinde, Iran, Bum-bum-Krieg ...", antwortete er und kramte in seinem begrenzten Englisch nach feindseligen Vokabeln.

Neben dem Zerstörer lagen etwa dreißig Dhaus, die alle an ihren Ankern zerrten – eine grüne Insel in einer öden Flußmündung. Ich wurde allmählich nervös, denn in solchen Situationen weiß man nie, wie lange man aufgehalten wird und wie alles ausgeht. Nachdem ich zugesehen hatte, wie der iranische Offizier seine Fingernägel mit einem Messer gesäubert hatte, konnte ich es nicht mehr ertragen. Ich produzierte noch einmal meine Dokumente und unsere Pässe. Er warf einen flüchtigen Blick darauf und fegte sie erneut beiseite.

„Khorramshar", sagte er. Plötzlich dämmerte mir, daß er nicht lesen konnte. Und da er Strafe von seinen Vorgesetzten und Demütigung vor seinen Untergebenen fürchtete, schickte er uns dahin zurück, wo wir herkamen.

Ich kochte vor Wut und war mir des auf uns gerichteten Maschinengewehrlaufs an Deck des Zerstörers vollauf bewußt. Ich versuchte es mit Bestechung. Plötzlich jedoch löste sich die Situation von selbst, als die getrocknete Feige aufschrie und das Gesicht mit den Händen bedeckte.

Mirella hatte eine Kamera auf unseren Quälgeist gerichtet. Ich sprang neben ihn, legte ihm einen Arm um die Schulter und bat Mirella, uns beide aufzunehmen. Der Trick klappte. Eitelkeit siegt über Dummheit. Er rief einem Matrosen zu, seine Mütze, seinen Ledergürtel und das Maschinengewehr zu bringen.

Als Mirella ihren Film zu Ende geknipst hatte, öffnete sie die Kamera und gab ihm die Spule. Dann deutete sie auf mich, auf das Segel und den südlichen Golf. Nach langem Schweigen, bei dem wir den Atem anhielten, erlaubte uns die getrocknete Feige die Weiterfahrt. Wir dankten ihm überschwenglich, küßten unsere Hände und berührten damit Stirn und Herz. Sobald er mit seinen Matrosen verschwunden war, lichteten wir den Anker und schoben uns langsam durch den Grastunnel.

Zum ersten Mal auf dieser Reise öffnete ich hilfesuchend den „Gulf Pilot". Auf Seite 295 las ich folgendes:

„Man nähert sich Outer Bar Reach durch Khawr al Amaya, einer schmalen Rinne nordwestlich vom Schatt-el-Arab-Feuer-

schiff, längs der Kafka-Boje. Der äußere Rand dieser Rinne ist durch zwei Leitfeuer markiert ..."

Das Problem war, daß ich weder das Feuerschiff noch die Kafka-Boje erblickt hatte, noch irgendein anderes Zeichen, das der „Pilot" erwähnte.

Ich lag mitten in einer riesigen schlammigen Wasserwüste, umgeben von hohen Berggipfeln, die im Südosten mit den Wolken und dem Nichts verschwammen. Dutzende von Fischerbooten tüpfelten den *schatt*. Ein Frachtschiff hielt direkt auf uns und eine rote Boje zu. *Die* war im „Pilot" nicht erwähnt. Meine einzige Sorge war, das Schiff vorbeifahren zu lassen, und als ich deutlich erkannte, daß es rechts an der Boje vorbeisteuerte, segelten wir links daran vorbei, in der Annahme, daß ich unmöglich auf Grund laufen konnte, solange ich mich dicht genug an der Boje hielt. Es klappte.

Trotz meines inneren Widerstandes gegen maritime Berechnungen und nautische Terminologie begann ich allmählich, den „Pilot" und seine Karten zu lieben. Er und mein Kompaß wurden meine ständigen Begleiter. Doch ich konnte mit meinem unordentlichen Verstand niemals die komplizierten Anweisungen des Buchs ganz begreifen. Sie waren ohnehin von der Zeit überholt worden. Wichtige Markierungen, wie Minarette und Moscheen, Forts und selbst Berggipfel, verloren sich nun zwischen Wolkenkratzern und gewaltigen Ölraffinerien, und die Strahlen der Leuchttürme und -bojen verblaßten neben den „ewigen Flammen" der unzähligen Ölquellen. Trotzdem wurde das Buch für mich nicht nur zur wichtigen Informationsquelle, sondern auch zum ständigen Anlaß von Belustigung. Es brachte mir zudem bei, niemals voreilige Schlüsse zu ziehen, niemals das für Kap Fartak zu halten, was so erschien. Eine Fehlannahme von einem Amateurnavigator kann zu vielen weiteren führen. Ich war niemals hundertprozentig sicher, ob wir uns auf dem richtigen Kurs oder am richtigen Ort befanden, und daher lag ich nie richtig, aber auch nie ganz falsch.

Der Golf

Wir wandten uns im Golf nach Südosten auf Bushire zu, einen iranischen Hafen hundertachtzig Kilometer vom Schattel-Arab entfernt. Das Meer war ruhig, und der *shargi*, ein erstickend heißer, klebriger Wind aus dem Süden, machte es unmöglich, das Lateinsegel zu setzen, um die Motorwelle zu schonen, die wieder zu qualmen begonnen hatte. Sie gab zwar den Geist nicht völlig auf, aber ich entwickelte vorsorglich ein Kühlsystem mit einem Gummischlauch, durch den wir kaltes Wasser über das heiße Getriebe laufen ließen.

Rasch brach die Nacht herein, meine zweite Nacht als *nakhoda* der „Mir-El-Lah". Ich hatte keine Experten mehr neben mir, wie Domenico, die ich um Rat fragen konnte. Ich war allerdings entschlossen, meine Ängste für mich zu behalten und Ahmed und Shaiyad zu beweisen, daß ich alles unter Kontrolle hatte. Zwischen uns hatte sich ein sonderbares Einverständnis herausgebildet. Sie kannten sich in der Seefahrt weit mehr aus als ich, und ich hatte viel von ihnen gelernt. Aber jetzt lag es an mir, ihnen zu beweisen, daß sie mir – manchmal – auch vertrauen konnten.

Rechts von uns lag Kuwait und vor uns in der Ferne Now Ruz. Die durch die Dunkelheit glühenden Abfackelfeuer wirkten beruhigend und schenkten mir Selbstvertrauen. Zwischen uns und Bushire lag die Insel Kharg, Irans größtes Ölterminal, achtzehn Kilometer lang und, wie der Karte zu entnehmen war, mit nicht weniger als zwölf Leuchtfeuern gekennzeichnet. Kharg war für jegliche andere Schiffahrt gesperrt, wurde beständig vom Meer und aus der Luft bewacht und verfügte über eine riesige Radarstation. Man konnte nur durch eine Rinne einfahren und es auf einer anderen Route wieder verlassen. Alle in Khorramshar, darunter auch mein Freund, hatten mir ein düsteres Bild von Kharg gezeichnet, so daß ich mir zumindest der vor uns liegenden Gefahren bewußt war.

Als Ahmed in die Dunkelheit deutete und „Tanker, Captain" rief (das er wie „Kapen" aussprach), blickte ich gelassen durch mein Fernglas, überließ ihm das Steuer und setzte mich mit ei-

Shaiyad, der zweite Mann meiner Crew, am Ruder

ner Tasse Tee nieder. Doch insgeheim wiederholte ich immer nur: „Grün auf Grün und Rot auf Rot", während ich versuchte, Entfernung, Tempo und Kurs einzuschätzen und mich schließlich selbst überzeugte, der Riesentanker sei auf dem Weg nach Kuwait und werde in sicherem Abstand hinter uns vorbeifahren. Indem ich die Karte studierte und häufig auf die Uhr blickte, versuchte ich Ahmed zu signalisieren, daß die „Mir-El-Lah" bei mir in sicheren Händen sei. Ich ließ meine Taschenlampe über der Karte aufblitzen und machte ihm deutlich, daß der Tanker auf dem Weg nach Kuwait sei. Ich mußte es wissen, schließlich war ich der *nakhoda*.

Kurz nach Mitternacht schickte ich Ahmed ins Bett, damit er im Morgengrauen ausgeruht genug war, das Steuer zu übernehmen. Ich selbst war gefährlich müde und mußte singen, um die Augen offenzuhalten. Bald merkte ich, daß die „Mir-El-Lah" sich anders anhörte, wenn ich den Kurs änderte, was mich immer sofort wieder hellwach machte. Wie rasch sich doch die Sinne an die verschiedenen Geräusche gewöhnen! Ich spürte den leisesten Windhauch in den Haaren über den Ohren oder merkte, wenn ich vom Kurs abwich, weil ein Nasenflügel kälter wurde! In meiner zweiten Nacht am Steuer stellte ich auch fest, daß es leichter war, sich nach einem einzelnen Stern zu richten, als den Blick auf die Kompaßnadel geheftet zu halten.

Frederick, der Ingenieur der „Artiglio", hatte mir prophezeit, ich würde von einem Leuchtsignal zum anderen „hüpfen", und jetzt begriff ich, was er gemeint hatte: Ich fühlte mich wie eine Motte unwiderstehlich von den Flammen, die den Horizont über Kharg erleuchteten, angezogen.

Es gibt keinen besseren Ort zum Träumen und für Selbstgespräche als nachts am Steuerrad einer Dhau. Und ich war mir niemals näher als in jener Nacht, als ich die fernen roten Flammen beobachtete, über die sich wandelnde Welt bewußt.

Als wir unsere Reise in den Golf und zur arabischen Halbinsel planten, mußte ich mir auf dem Atlas ansehen, wo Abu Dhabi, Dubai, Ras-al-Khaima und Sharjah lagen, so unbedeutend und fern waren diese Orte für mich. Als ich meine ersten Kenntnisse sammelte, brach die Ölkrise aus, und die Weltpresse quoll über von diesen geheimnisvoll klingenden Namen. Ich hatte damals das Gefühl, daß der Schatz, den ich so mühsam zu entdecken versucht hatte, plötzlich von einem Bulldozer aufgedeckt worden sei.

Bei der Lektüre von Seite 167 des „Gulf Pilot" mußte ich lächeln: „Eine Landung auf dem Festland zwischen Dubai und Abu Dhabi ist nicht empfehlenswert, denn der Streifen wird oft von Beduinen aus dem Landesinneren besucht." Ich stellte mir vor, wie Mirella an einen lüsternen, dicken, kamelreitenden Scheich verschachert und ich selbst bis zum Hals im Sand eingegraben würde, einen Krug Wasser dicht vor den Augen und Honig auf meiner Stirn, um die Ameisen und Fliegen anzuziehen. Dann würde ich elend in der brennenden Sonne mein Leben aushauchen.

Wieder brachte mich der stechende Geruch von verbranntem Gummi in die Wirklichkeit zurück. Ich raste nach unten und überprüfte die Welle. Kein Geruch. Kein Rauch. Sie drehte sich langsam bei halber Kraft.

Wieder auf Deck sah ich schwarzen Rauch aus dem Maschinengehäuse steigen, als sei die „Mir-El-Lah" ein altes Dampfschiff, das den Schornstein verloren hatte.

Ich rief nach Ahmed und Shaiyad und rannte wieder nach unten. Da tauchte Mirellas ängstliches Gesicht auf. »Was ist los? Es riecht nach Feuer."

„Ich sag' dir gleich Bescheid. Mach dir keine Sorgen", antwortete ich.

Ahmed öffnete alle Luken und Bullaugen, und Shaiyad füllte zwei Eimer mit Salzwasser. (Später erfuhr ich, dies sei das Schlimmste, was man im Fall eines Feuers tun konnte.)

Dichter, schwarzer Rauch trieb mich wieder an Deck. Ich schaltete den Motor ab, indem ich die Brennstoffzufuhr unterbrach.

„Keine Bange!" Ich lächelte Mirella tapfer an und beschloß, diese beiden Worte auf einem Brett einzuritzen und irgendwo deutlich sichtbar aufzuhängen.

Als der Rauch sich verzogen hatte, stellten wir fest, daß die Kühlpumpe versagt und der Motor sich gefährlich überhitzt hatte.

Zum ersten Mal in meinem Leben mußte ich allein einen Motor reparieren. Ich breitete eine Plane aus, um zu vermeiden, daß Schrauben, Muttern oder sonstige Teile der Pumpe verlorengingen, und schraubte den ersten von vier Bolzen ab, die die Hauptplatte hielten. Die ersten drei lösten sich leicht, aber der vierte weigerte sich. Ich schlug mit einem Hammer dagegen, besprühte ihn mit Öl und versuchte ihn mit einem Schraubenschlüssel loszuzerren, erreichte aber nur, daß die Mutter abbrach. Unverzagt stemmte ich die Platte mit einem Schraubenzieher ab. Sechs winzige Federn sprangen in alle Richtungen. Keine landete auf meiner Plane. Eine endete in Shaiyads Turban, aber es dauerte eine gute Stunde, bis wir die anderen wieder beisammen hatten. Jene Federn, so erfuhr ich später, hatten ursprünglich sechs Dichtungen. Es hatte keinen Sinn, diese zu ersetzen zu versuchen, da vier sich bereits aufgelöst hatten, die restlichen in meinen Händen zerbröselten.

Die Sommerhitze hatte also auch dem Motor zugesetzt. Er war tot – oder lag zumindest in tiefer Bewußtlosigkeit. Uns blieb nichts anderes übrig, als das Lateinsegel zu setzen.

Trotz der damit verbundenen fast übermenschlichen Anstrengung gingen Ahmed und Shaiyad mit fast wilder Freude an diese Arbeit und sangen ihre Dhau-Lieder, denn sie haßten den Motor. Sie fanden ihn feindselig, unzuverlässig und stinkend. Das große Lateinsegel war unser Retter, und wir setzten es mit fast liebevoller Bewunderung. Aber wir hätten ebensogut die Bettücher aufhängen können, denn das Segel hing schlaff herab. Unsere Seelen wurden ebenfalls ganz schlaff. Es wehte einfach kein Wind.

Ich holte die Signalraketen und Leuchtkugeln aus dem Notfall-Kasten, den ich in Captain Watts Laden in der Londoner Albemarle Street erstanden hatte. Ich konnte immer noch nicht glauben, daß wir eine Rakete in den Nachthimmel jagen sollten. Aber wir brauchten Hilfe.

Wie immer, wenn ich Zweifel hatte, wandte ich mich an den „Gulf Pilot". Der verriet mir auf Seite 20, daß dem südwestlichen Wind oft innerhalb von einer Stunde ein *shamal* folgen kann. „... diese Wechsel erfolgen oft erstaunlich plötzlich. Am 10. Januar 1950 erlebte die ‚HMS Mauritius' eine heftige Bö, als der Wind unvermittelt von Süd-Südwest, sieben Knoten, auf West-Nordwest, dreißig Knoten, wechselte."

Von dieser Information getröstet, beschloß ich, die drei Fallschirmraketen in halbstündigen Intervallen abzufeuern. Doch vorher wandte ich mich noch einmal an den „Gulf Pilot", weil ich wußte, daß wir in der Zwischenzeit auf die Strömung angewiesen sein würden. Die Strömungen nördlich von Now Ruz galten als sehr schwach. Die Raketen waren daher unsere einzige Hoffnung auf Rettung, ehe der *shamal* einsetzte.

Nachdem ich die Gebrauchsanweisung studiert hatte, befolgte ich sie genauestens, riß die Rakete auf, hielt sie mit zitternden Fingern hoch und zog nervös an der Zündschnur, in der Erwartung, daß als nächstes mein Kopf wegfliegen würde.

Die Rakete schoß hoch und explodierte mit einem scharfen Knall. Das kleine rote Licht hing an seinem Fallschirm und schwebte langsam herab, so daß die Männer auf den Ölplattformen Zeit genug hatten, es zu erkennen.

„Trinken wir einen *chai*", schlug Mirella vor. „Bald werden sie da sein."

Sie braute uns rasch einen heißen Tee und kramte auch ein paar Kekse aus Khorramshar hervor, die sich aber ebenso wie die Gummidichtungen bei Handkontakt in Brösel auflösten.

Ahmed, Shaiyad und ich setzten uns an den Mast, um auf Zeichen des herannahenden *shamals* zu warten. Wir richteten abwechselnd das Fernglas auf Now Ruz, dessen Lichter wir gerade noch erkennen konnten.

„Auf der Plattform dort arbeiten vermutlich zwei Dutzend Männer", meinte ich in dem schwächlichen Versuch, uns aufzuheitern. „Das sind achtundvierzig junge Augen."

Eine halbe Stunde verstrich, und ich feuerte die zweite Leuchtrakete ab. Als ich eine weitere halbe Stunde später die dritte und letzte abschoß, war ich überzeugt, all diese jungen Augen seien fest im Schlaf geschlossen und daß sich eine schreckliche Tragödie ereignet hätte, wären wir bei Sturm in eine echte Notlage geraten.

Nach einer Weile las ich die Anweisungen für die Handleuchtsignale durch. Man sollte sie so weit wie möglich von Gesicht und Augen halten, bis sie ausgebrannt waren. Da ich lange Arme habe, beschloß ich, das erste selbst abzubrennen. Doch sofort spürte ich die brennende Hitze an Gesicht und Hand. Ich brüllte Ahmed zu, mir eine Zange zu bringen. Als er mit einem Hammer auf mich zurannte, schleuderte ich ihm das Leuchtsignal fast auf seinen wehenden *dish-dash*. Doch Shaiyad folgte ihm mit der ersehnten Zange, und eine Sekunde später hielt ich das Feuer in sicherem Abstand. Als es ausgebrannt war, roch mein rechter Arm wie ein Brathähnchen, und ich fand, ein anderer solle nun die Freiheitsstatue spielen.

Fünf Minuten später erspähten wir rote und grüne Lichter, die von Now Ruz auf uns zuhielten. Ich rief Mirella zu, daß Rettung nahe. Sie setzte den Teekessel auf.

Ein Boot kam längsseits, und der Steuermann funkte an seine Station zurück, wir stünden nicht in Flammen, wie man geglaubt hatte, sondern hätten nur einen Maschinenschaden, daß wir Italiener seien und er die Genehmigung benötige, uns zur Bohrplattform zu schleppen.

Er hieß Giovanni Bellori, stammte aus Ravenna und arbeitete für die italienische Ölgesellschaft, die Now Ruz von der iranischen Regierung gepachtet hatte. Nachdem er uns grinsend erklärt hatte, daß es uns an *pasta* nicht mangeln würde, berichtete er, daß man unsere Raketen gesehen habe. Da es aber so viele mit Maschinengewehren bewaffnete Schmuggler in der Gegend gäbe, hätte man beschlossen, auf weitere Notsignale zu warten, ehe man etwas unternahm. Aus der Ferne hatten sie dann meine Notfeuer für ein brennendes Schiff gehalten.

Giovanni erzählte uns über die strengen Sicherheitsmaßnahmen, die für alle Ölbohrstationen galten, und daß wir uns ausgedehnten Verhören und Untersuchungen unterziehen müßten. Es sei bereits ein Hubschrauber vom Festland mit einem General der Savak und dem Chefingenieur des Gebiets unterwegs. Aber ich konnte ihm genau erklären, warum wir an diesem Ort waren, und versichern, daß es keinen Grund zur Sorge gäbe – wir verfügten über mehr Dokumente und Genehmigungen, als wir eigentlich brauchten.

„*Ma siete un po' matti voi, no!*" rief er aus. „*E poi la sua bella signorina cosa ci fa' in mezzo a questo schifo di mare?* – Sie müssen verrückt sein. Was macht Ihre schöne Frau auf diesem stinkenden Meer?" Er war überzeugt, Mirella und ich müßten nicht ganz normal sein, mit einer alten Dhau auf dem Golf herumzusegeln.

Bald hatten wir die Ölbohrstation erreicht. Nachdem wir über hundert glitschige Stahlsprossen zur Hauptplattform emporgeklettert waren, begrüßten uns drei italienische Techniker, die sich besonders über den Anblick von Mirella freuten. „*Ben' arrivati!*" riefen sie. „*Prego, signora, gradisce un caffe' espresso?* – Willkommen! Möchten Sie einen Espresso?"

„Sie sind die erste schöne Frau, die ihren Fuß hierher setzt."

Da wir nun in Sicherheit waren, konnten wir über das Geschehene lachen. Wir waren gerade vor einer möglichen Katastrophe gerettet worden, tranken Espresso und aßen *panettone Motta* auf einer für die Öffentlichkeit gesperrten Ölplattform, die ein Orientierungspunkt bei unserer Forschungsreise in die Welt der Dhaus hätte sein sollen. Die Leute waren erleichtert, daß wir genügend Papiere vorweisen konnten, um unsere Anwesenheit zu rechtfertigen. Ansonsten, sagten sie, bekämen wir: „*Un sacco di storie* – einen Haufen Probleme."

Als die Sonne aufging, hörten wir den Hubschrauber heranknattern. Er flog von Nordwesten heran und landete problemlos auf der Plattform. Zwei Männer und der Pilot stiegen aus und schüttelten allen die Hände, ehe wir alle erneut Espresso tranken.

Der General von der Savak war ein grimmig aussehender Tatar, der kein Wort Englisch sprach. Der Ingenieur war ein gutaussehender dunkelhaariger Valentino, der ausgezeichnet Italienisch sprach. Er küßte Mirella die Hand, ehe wir uns im Kontrollraum niederließen, und meinte, wir brauchten unsere Dokumente nicht vorzuweisen, denn sie hätten bereits Teheran und Khorramshar kontaktiert und unsere Identität überprüft.

Als ich unseren Maschinenschaden erklärte und ihnen die Überreste der Dichtungen zeigte, wurde Giovanni hinzugerufen. Er warf einen flüchtigen Blick auf die Ringe und sagte: „Die können wir hier nicht machen. Dazu brauchen wir Teflon, und das haben wir nur auf dem Festland."

Der gutaussehende Ingenieur wandte sich an den General und erklärte die Situation in Parsi. Der Militär nickte, er lächelte sogar und war offensichtlich mit allem einverstanden. Giovanni erhielt den Auftrag, zum Festland zu fliegen, neue Dichtungen anzufertigen und innerhalb sechs Stunden zurückzukehren.

Wir wurden zu einem herrlichen Mittagessen gebeten, das selbst „Maxim" zur Ehre gereicht hätte. Unter anderem gab es Kaviar und Austern, dazu französische und italienische Weine.

Nach bereits vier Stunden kam Giovanni zurück. Er legte die Dichtungen auf den Tisch und sagte stolz: „Damit kann eurer Maschine nichts mehr passieren." Dann bückte er sich und flüsterte: „In einer Werkstatt hätte jede einzelne hundert Dollar gekostet."

Um sechs Uhr abends verließen wir die Ölplattform. Der General schüttelte mir die Hand und warnte mich durch seinen Dolmetscher: „Was immer Ihnen auch zustößt, nähern Sie sich keinesfalls Kharg."

Zurück an Bord der „Mir-El-Lah" lief alles glatt. Wir aßen eine zehnpfündige Makrele, die wir gefangen hatten, und obwohl der Motor nun perfekt lief, nutzten wir den Nordostwind aus und setzten das Segel. Wir kamen so gut voran, daß wir hofften, Bushire um vier Uhr in der Frühe zu erreichen. Als Richtungsweiser dienten uns die Flammen von Now Ruz im Rücken und Kharg zu Linken.

Gegen Mitternacht, gerade als ich das Steuerrad an Shaiyad übergeben wollten, roch es wieder verbrannt. Da ich Giovanni absolut vertraute, versuchte ich erst gar nicht, die Pumpe zu öffnen, weil ich annahm, daß sich dieses Mal andere Dichtungen aufgelöst hätten. Ich schaltete den Motor ab, da ich mittlerweile wußte, daß ich ihn im Notfall zumindest zeitweise benutzen konnte, sobald er sich abgekühlt hatte. Wir mußten solange unter Segel fahren. Die frische Brise trug uns immer näher an die Insel Kharg heran. Am folgenden Nachmittag konnten wir deutlich die Stahltürme, Antennen und einen Wald grauer Masten ausmachen. Als wir uns der ersten Plattform näherten, setzte ich die panamaische Flagge und die gelbe Fahne, in der Hoffnung, daß man sie als Bitte um eine freundschaftliche Inspektion interpretieren würde.

Die Männer auf der Plattform winkten uns freundlich zu, wie Millionäre in einem Restaurant am Hafen, die eine Jacht mit Freunden erblickt haben. Ich winkte zurück. Das waren also ihre berühmten Sicherheitsmaßnahmen! Über unseren Köpfen schwirrten Jets, Hubschrauber schwebten nur wenige Meter entfernt über die Wasseroberfläche. Keiner schenkte uns die geringste Aufmerksamkeit. Mir fiel wieder ein, wie Domenico mir erzählt hatte, daß Holzschiffe nicht vom Radar erfaßt würden. Wir waren von Plattformen und Tankern umgeben, und mit unserer Tauchausrüstung hätte ich leicht über Bord gleiten und überall Haftminen anbringen können. Ganz offensichtlich hatten diese Technokraten so viel Vertrauen in ihre Geräte, daß sie sich auf ihre Augen nicht mehr verließen.

Die Sonne ging unter und wurde von einem künstlichen Nordlicht aus Gasflammen, Suchscheinwerfern, Blinkfeuern, Schiffslaternen und Navigationslichtern abgelöst. Die rotbraunen Hügel von Kharg, die Ölplattformen und die Tanker wirkten wie eine Filmkulisse.

Wir kreuzten kaum eine Meile von der Küste entfernt. Es war neun Uhr abends, und immer noch hatte sich uns niemand genähert. Ohne das Segel einzuholen, schaltete ich den Motor ein und folgte der zerklüfteten Küstenlinie, bis ich einen passenden Ankerplatz gefunden hatte, wo wir uns schlafen legten.

Kurz vor Sonnenaufgang wurden wir von Sirenen, dröhnenden Motoren und dem Knattern von Hubschraubern geweckt.

Sie hatten uns also endlich entdeckt. Aber nein – das waren nur die normalen Morgengeräusche auf Kharg. Oben auf Deck merkte ich, daß wir offensichtlich mitten im Herzstück der Militäranlagen der Insel ankerten. Links von uns, an einer Pier, lagen mehrere Marineschiffe, von Patrouillenbooten bis zu Zerstörern. Rechts erstreckte sich ein geschäftiger Flugplatz. Am Ufer ließen Hubschrauber ihre Motoren warmlaufen, und Jeeps und Hunderte von Soldaten schwärmten umher wie Ameisen, Phantom-Jäger malten Rauchkringel in den Himmel. Dicht vor uns lag ein kleines Barackendorf. Dort war ein ganzes Bataillon – wie es uns schien – in Habachtstellung angetreten, während die iranische Fahne langsam an einem weißen Mast hochgezogen wurde.

Draußen auf See ragten Stahltürme und die Aufbauten mehrerer Supertanker auf, und die Abfackelfeuer der Bohrstationen brannten vor dem fahlen Morgenhimmel.

Mir blieb völlig schleierhaft, warum keiner der Samurai, die ja dafür bezahlt wurden, diese Insel gegen Eindringlinge zu verteidigen, Alarm auslöste. Wir lagen so offensichtlich am falschen Platz und hatten genau unter ihrer Nase den Anker geworfen, weil ich mir ja brennend wünschte, ihre Aufmerksamkeit zu erregen und gefangengenommen zu werden, damit wir endlich einen Mechaniker fänden, der unsere Pumpe reparierte.

Wenn der Berg nicht zu Mohammed kommt, geht Mohammed eben zum Berg.

Ich ruderte in unserem Beiboot an Land, entschlossen, mich an die Marine zu wenden. Die brachten vielleicht für einen Schiffer in Not mehr Mitleid auf als die Armee. Ich machte das Boot hinter einem Zerstörer fest, kletterte an Land, erntete ein paar erstaunte Blicke und machte mich auf den Weg zu dem eindrucksvollsten Gebäude, das ich entdecken konnte, in der Hoffnung, einen intelligenten Offizier zu finden, der uns half.

Vor dem Tor versperrte mir die Kaiserlich Iranische Marine in Gestalt einer bewaffneten Wache den Weg.

„Guten Morgen", begrüßte ich ihn und schwenkte meine Dokumente. „Könnte ich mit dem Kommandanten sprechen?"

Er sah mich in blankem Erstaunen an. Aber als ich meine Frage wiederholte, gelang mir lediglich, seinen schwarzen Schnurrbart zum Zittern zu bringen.

Bald trat ein Offizier in Weiß hinzu, der mich ebenso überrascht ansah. Wieder einmal mußte ich die Initiative ergreifen.

„Guten Morgen, Sir. Ich bin der Kapitän der panamaischen Dhau „Mir-El-Lah". Am liebsten hätte ich hinzugefügt: Und verlange die bedingungslose Kapitulation. Statt dessen fuhr ich fort: „Meine Wasserpumpe ist kaputt." Das klang so lächerlich, daß ich nur mit Mühe einen Lachanfall unterdrücken konnte.

Es war offensichtlich, daß es absolut keine Rolle spielte, was ich sagte, denn er blickte zwischen mir und der Dhau hin und her, drehte sich auf dem Absatz um und verschwand.

Das Element der Überraschung ist ein unschätzbares, dachte ich bei mir.

Ein Telefon klingelte, dann noch eines. Wachen schüttelten ihre Starre ab. Mehrere Männer in blauen Overalls rannten auf das Patrouillenboot zu, und ich wußte, sie fuhren zur „Mir-El-Lah".

Ein bewaffneter Wächter winkte mir zu, ihm zu folgen, und führte mich in ein Zimmer im ersten Stock, wo fünf Offiziere auf mich warteten.

Ich wollte schon sagen: „Aber bitte, meine Herren, setzen Sie sich doch", hielt mich aber gerade noch zurück und wiederholte mein freundliches „Guten Morgen."

Sie starrten mich mehrere Minuten lang an, und ich erwartete schon, daß einer von ihnen meinen Mund öffnen und meine Zähne untersuchen würde. Das Element der Überraschung ließ langsam in der Wirkung nach. Sie setzten sich und boten mir einen Stuhl an.

Da mich niemand fragte, erzählte ich freiwillig meine Geschichte von Teheran bis Kharg und legte meine Papiere auf den Tisch.

Der Höchste unter ihnen überprüfte sie, reichte sie einem anderen Offizier und fragte in makellosem Französisch: *„Vous parlez français?"*

„*Oui, assez bien, mon commandant.*"

Er schien erleichtert, daß wir uns verständigen konnten, und machte mir klar, daß ich die strengsten Sicherheitsvorkehrungen im gesamten Persischen Golf unterlaufen hätte.

Ich versuchte zu erklären, daß mir sehr wohl bewußt sei, Gesetze gebrochen zu haben, aber meine Wasserpumpe hätte ihren Geist aufgegeben und ich sei vom *shamal* nach Kharg geweht worden.

Die drei Telefone auf dem Schreibtisch klingelten unaufhörlich. Aber sie wurden vom Geräusch einer sich nähernden Motorradkavalkade übertönt – ein Zeichen für den Offizier, sich an mich zu wenden und zu verkünden: „Sie sind verhaftet!"

„Was ist mit meiner Pumpe?" fragte ich.

Ich bekam keine Antwort. Die Tür flog auf, und ein Admiral stürmte herein, musterte mich von oben bis unten, redete mit den anderen und schickte sie schließlich hinaus. Wir waren beide allein.

„Sie haben eine große Dummheit begangen", sagte er vorwurfsvoll in Englisch, so daß ich mich wie ein Schuljunge vor seinem Direktor fühlte.

„Aber meine Pumpe ...", begann ich.

„Ihre Pumpe!" unterbrach er mich lachend. „Mister Ricciardi, Ihre Pumpe hätte eben woanders kaputtgehen müssen. Sie hätten sich niemals Kharg auch nur nähern dürfen. Sie haben sich selbst in diese unglückliche Lage gebracht und verursachen uns viele Probleme. Ich weiß, Sie tragen daran keine Schuld, aber ..."

Das Telefon unterbrach ihn und gab mir Zeit, meine Gedanken zu ordnen. Der Mann hatte recht. Was zum Teufel tat ich überhaupt hier? Warum war ich nicht nach Kuwait gesegelt? Es war alles Marco Polos Schuld, sagte ich mir. Auch er war von Khorramshar aus in einer Dhau losgesegelt, und der romantische Narr, der ich nun einmal bin, war entschlossen, seinen Spuren entlang der persischen Südküste zu folgen. Aber andererseits, warum hatten die Iraner diese verdammte Insel zum Hauptquartier für ihre Ölgeschäfte ausgesucht? Das war nicht meine

Schuld, noch traf mich Schuld an der Tatsache, daß sie die „Mir-El-Lah" nicht rechtzeitig aufgespürt hatten. Das war ohnehin der Haken an der ganzen Geschichte und verbesserte meine Position. Letztendlich würde es nämlich den Admiral treffen. Und das wurde aus seinem betroffenen Gesichtsausdruck bei dem Telefonat sehr deutlich.

„Mister Ricciardi", sagte er nun fast flehend, „bitte segeln Sie fort, und bleiben Sie uns vom Hals. Wir werden Ihre Pumpe sofort reparieren. Aber bitte fahren Sie weiter. Ich werde Sie mit einem Kanonenboot aus dem verbotenen Gebiet hinausgeleiten."

Ich hätte ihm antworten können, daß ich keine Eskorte benötige, daß ich den Weg genau wüßte, aber er war freundlich zu mir und tat mir leid.

In den nächsten Stunden arbeiteten die besten Mechaniker der Kaiserlich Iranischen Marine an meiner Wasserpumpe. Die vier Extradichtungen, die Giovanni angefertigt hatte, wurden eingepaßt, der Motor angelassen – und das Wasser strömte aus dem Abflußrohr. Wir lichteten den Anker, während die Mechaniker über Bord in ihr Patrouillenboot sprangen. Es war um die Mittagszeit, als wir Kharg verließen. Weit hinter der Dreimeilenzone beschleunigte das uns begleitende Boot, sein Bug hob sich aus dem Wasser, und es rauschte davon. Wir waren wieder allein.

Griechische Begegnung

Nachdem ich die Karte studiert hatte, beschloß ich, den Kurs zu wechseln. Anstatt nach Bushire zu segeln, würden wir Marco Polos Route nach Jazireh-ye-Lavan folgen, dreihundertsiebzig Kilometer von Kharg entfernt. Kein noch so starker Wind sollte mich je dorthin zurückblasen! Auf Lavan würde ich die Freunde aus dem „Club der Gehörnten" treffen, gut essen und im klaren Wasser tauchen und schwimmen. Mirella würde endlich mit der Kamera arbeiten können. Vielleicht lernte ich auch ein paar Perlenfischer kennen.

Die „Mir-El-Lah" auf Sindbads Spuren

Auf der neuen Route würden wir an den wandernden Sandbänke von Ras Mutaf vorbeikommen, die wir im Jahr zuvor auf der Fahrt von Dubai nach Khorramshar umfahren mußten. Ich setzte unseren Kurs daher in einiger Entfernung von dem Leuchtfeuer, das dem „Gulf Pilot" zufolge die Grenze dieser Sandbank bezeichnete. Nach meiner Berechnung würden wir es gegen Mittag des nächsten Tages passieren, und so war es dann auch! Mirella war höchst beeindruckt.

Der Wind war zwar nur schwach, aber wir setzten dennoch das Segel, während gleichzeitig der Motor lief. Wir befanden uns hier außerhalb der Hauptschiffahrtsrouten und verbrachten eine friedliche Nacht. Gegen Morgen hatte der Wind ziemlich aufgefrischt, und nach Abstimmung mit Ahmed und Shaiyad schalteten wir den Motor ab – dieses Mal freiwillig –, um nach Lavan zu segeln. Kaum war der Motor verstummt, legte sich der Wind, und wir gerieten in eine Flaute.

Als ich auf den Anlasser drückte, tat sich nichts. Wir überprüften die Batterie und säuberten die Kontakte, aber wir hatten kein Glück. Die Batterie war leer. Ich versuchte sie aufzuladen, doch der Auflader sprang ebenfalls nicht an. Uns fehlte ein Ersatzteil, das man in London leicht bekommen hätte, aber wir befanden uns im Golf!

Gegen sechs Uhr abends sichteten wir eine mastlose, motorgetriebene Dhau. Wir wedelten heftig mit den Bettlaken, Mirella mit ihrem *kikoi*. Die Mannschaft der anderen Dhau winkte mit ein paar Lumpen zurück und fuhr vorbei.

Dann sichteten wir ein anderes Schiff. Ich ordnete an, unsere Segel einzuholen. Sobald es nahe genug kam, würde ich ein Leuchtsignal abbrennen. Doch dann sah ich durch mein Fernrohr zu meinem Erstaunen, daß es sich um einen Krabbenfischer aus Galveston handelte. Wie kam der wohl über Tausende von Seemeilen in den Persischen Golf?

Als sich das Schiff uns näherte, sahen wir, wie zwei Europäer an Bord uns durch ihre Ferngläser beobachteten. Sie kamen längsseits, und zwei finstere Männer blickten mißtrauisch um sich, als fürchteten sie einen Angriff, ehe sie an Bord kletterten.

Es waren Griechen, Spiro Stavroupolos und Cristo Panajotis. Spiro ergriff das Wort und stellte sich und seinen Gefährten vor.

„Unsere Batterie ist leer, und wir müssen abgeschleppt werden", erklärte ich ihnen.

„Ich kann sie vielleicht mit meiner Batterie in Gang bringen", meinte Spiro und ging, gefolgt von Cristo, zum Maschinenraum.

Mit bedrückten Mienen kehrten sie bald zurück. Sie könnten leider doch nichts tun, sagte Spiro, denn der Anlasser sei ebenfalls hin.

„Dann schleppt uns doch ab", schlug ich hoffnungsfroh vor.

Spiro blickte noch grimmiger drein, während er zu wehklagen bekannt: „Probleme, nichts als Probleme", jammerte er und verdrehte die großen, dunklen Augen gen Himmel. „Probleme mit den Persern, den Arabern, der amerikanischen fünften Flotte, sogar mit den verfluchten Türken!"

Und so lamentierte er weiter. Warum sollten sie uns helfen, wenn ihnen niemand half? Wir konnten ja Spione sein oder Schmuggler. Wir bedeuteten weitere Probleme, große, große Probleme.

Doch die ganze Zeit über starrten die beiden Männer lüstern auf Mirellas Beine, die erst in ein theatralisches Schluchzen ausbrach und dann den beiden Männern ein verwässertes Lächeln schenkte. Da wurde Spiro weich. „Frauen machen immer nur Probleme. Aber weinen Sie nicht, Lady."

Ich schlug vor, sie sollten uns zu ihrem Mutterschiff schleppen, denn ich hatte inzwischen herausbekommen, daß sie für die Krabbenfischerflotte von Ross Kalacheki arbeiteten.

„Der Boß geht in die Luft!" jammerte Spiro. „Das werden wir nicht überstehen. Was haben wir also davon?"

„Geld", antwortete ich.

Da schnaubte er verächtlich. „Geld! Wir haben mehr Geld, als wir ausgeben können. Ihr seid für uns ein Problem, ein großes Problem. Kommt an Bord, wir trinken erst einmal einen Kaffee."

In der Kabine des Krabbendampfers nahm Cristo Funkkontakt zum Mutterschiff auf. Spiro kochte derweil einen starken schwarzen Kaffee und schüttete Mirella das heiße Gebräu fast auf ihre Brüste, als er ihr die Tasse reichte.

Nachdem Cristo einen scheinbar endlosen Disput über Funk beendet hatte, sagte er: „Wir müssen jetzt zum Mutterschiff und Befehle vom Boß entgegennehmen."

„Kommt ihr wieder oder nicht?" fragte ich und versuchte hart auszusehen.

„Wir kommen wieder. Wir kommen in vier oder fünf Stunden. Okay?" antwortete er.

Ich nahm Spiro beiseite und log ihm pathetisch etwas vor. „Komm zurück", sagte ich eindringlich. „Es geht um meine Frau. Sie ist schwanger."

Wir kehrten auf die „Mir-El-Lah" zurück und schliefen ein paar Stunden. Sollten sie um Mitternacht nicht zurück sein, würden wir ein weiteres Notsignal anzünden. Langsam gingen uns die SOS-Zeichen aus; wir hatten nur noch ein Dutzend übrig. Wie gewöhnlich vor schwerwiegenden Problemen schlief ich tief und fest.

Ich wurde von Ahmed geweckt, der mich rüttelte und sagte, ein Schiff käme auf uns zu. Als ich gerade richtig wach geworden war, durchlief die „Mir-El-Lah" ein Zittern, ihre Planken knarrten protestierend, und sie ruckte heftig und unvermittelt vorwärts. Spiro war früher als erwartet zurückgekehrt. Er hatte keine Zeit verschwendet und uns mit so atemberaubendem Tempo auf den Schlepphaken genommen, daß ich fürchtete, meine arme Dhau würde unter der Spannung auseinanderbrechen. Ich versuchte vergeblich, ihm zu signalisieren, das Tempo zu drosseln. Das war wohl der absolute Härtetest. Wenn die „Mir-El-Lah" diese Teufelsfahrt überstand, würde sie sich als zähestes Holzschiff aller Weltmeere erweisen.

Ein paar Stunden später erkannte ich durch das Fernglas die wuchtige Form des Mutterschiffes. Es war von etwa dreißig Krabbendampfern umgeben, die auf der Dünung tanzten. Es erinnerte mich an eine fette Sau mit ihren Ferkelchen. Als wir an einem der Trawler längsseits gegangen waren, verließen uns Spiro und Cristo und sprangen von einem Kahn zum anderen bis hin zum Mutterschiff. Dabei hörte ich Spiro immer wieder rufen: "Probleme, nichts als Probleme!"

"He, du! Bist du der Kapitän? *Buon giorno, amigo!*"

Das schien mir zu gelten. Ich erkannte den großen, übermäßig fetten Mann auf Deck des Krabbenfängers neben uns, der einen Eimer mit Krabben trug, sofort. Es war Aris, der Grieche aus dem Flughafenrestaurant in Dubai, in dem ich häufig gegessen hatte.

"Aris, *amigo*, komm an Bord und trink einen mit uns. Wie schön, dich wiederzusehen."

Mit einer erstaunlichen Behendigkeit für einen Mann von gut und gern zweihundert Pfund sprang er an unser Deck, ohne eine einzige Krabbe aus seinem Eimer zu verlieren. Er reichte ihn Mirella, die ihn sofort fallen ließ und die kleinen zuckenden, krabbelnden Tierchen über das Deck verstreute.

Kreischende Möwen stürzten sich sofort auf das Festmahl. Aris brüllte vor Lachen, wobei sein dicker Bauch wackelte. Über all dem Lärm rief er Mirella zu: "Guten Morgen, Lady. Sie sind lecker, sehr lecker, geben Sie nicht alle den Vögeln! Grillen Sie sie auf Holzkohle. Wenn Sie keine haben, ich habe welche. Dann gießen Sie ein wenig Olivenöl darüber. Wenn Sie keins haben, ich habe welches. Und dann ein wenig Zitronensaft. Wenn Sie keinen haben, ich habe welchen. Und dazu trinken Sie einen Liter Aketeopoulos-Wein. Wenn Sie keinen haben, ich ..." Er brach ab, schaute ein wenig einfältig drein, kratzte sich am Kinn und fügte schließlich hinzu: "Oh, den habe ich ja ausgetrunken."

Wir lachten alle drei, und Mirella drückte ihm ein Glas Bier in die Hand. Aris lehnte sein riesiges Hinterteil gegen die Reling und blickte um sich. "Du hast also jetzt deine Dhau. Ich weiß noch, wie du mir an einem Abend in Dubai erzählt hast, du wolltest eine Dhau, hättest aber kein Geld. Ich höre viele Leute sagen, sie wollen dies oder jenes, aber dann sehe ich sie nie wieder. Du bist anders, dich sehe ich. Und du hast deine Dhau und fährst mit deiner Frau auf dem Meer spazieren. Deshalb habe ich dich getroffen, denn ich und alle anderen Leute hier sind Seeleute.

Jetzt werde ich dir dein Leben hier leichter machen. Spiro ist mein bester Freund, aber er ist auch der dümmste Mensch, den ich kenne. Er jammert ununterbrochen. Ich kenne seine Frau, sie stammt aus Santorini. Heirate nie eine Frau aus Santorini. Brenn mit einer durch, wenn es sein muß, aber lauf nach einer Weile von ihr fort, denn solche Frauen machen dich verrückt. Ich weiß das, weil meine Frau auch aus Santorini stammt. Deshalb sind wir auch Krabbenfischer, damit wir von ihnen fortkommen, weit weg. Zu weit, zu weit, mein Freund..." Er seufzte tief und leerte sein Glas in einem Zug.

Als Spiro zu meiner Überraschung zurückkam, schimpfte Aris mit ihm, weil er uns für Schmuggler oder Spione gehalten hatte. „Lorenzo ist mein guter Freund aus Dubai", sagte er zu dem mürrischen Spiro. Und um das zu beweisen, brachte ich mehr Bier heran.

Aris ignorierte Spiro nun und wandte sich wieder an Mirella und mich. „Seht ihr", erklärte er, „ich bin hier so was wie ein Vater. Das sind alles meine Kinder. Wenn sie aufs Meer fahren, zähle ich sie ab, und ich zähle sie wieder, wenn sie zurückkommen. Wenn nicht alle da sind, suche ich sie. Manchmal weht der *shamal* sehr kräftig, wie in Griechenland der *meltemi*."

„Das stimmt nicht", unterbrach ihn Spiro. „Du bist hier nicht der Boß. Mister Thermidos ist..."

Aris fuhr ihm über den Mund. „Der kommt erst nächste Woche wieder, daher bin *ich* der Boß. Hol Takis her, damit er diese Maschine repariert, denn meine Freunde wollen weiterfahren."

Als wir wieder allein waren, fragte ich: „Was ist denn mit ihm? Warum hat er solche Angst?"

„Er hat Angst, ins Gefängnis zu kommen. Das kann man ihm nicht übelnehmen, denn er hat zehn Jahre in der Türkei gesessen", erzählte Aris. „Er war Schmuggler – Zigaretten, Tabak, Whisky. Türkische Gefängnisse sind sehr schlimm. Iranische auch, aber für einen Griechen ist es in der Türkei am schlimmsten. Ihr müßt das verstehen. Er weiß nur über Krabben Bescheid. Wenn er Krabben sieht, ist er glücklich. Wenn er etwas anderes sieht, hat er Angst, er kommt wieder ins Gefängnis."

Ich öffnete eine Flasche guten italienischen Wein, den ich für eine solche Gelegenheit aufgehoben hatte, und zwei Stunden lang erzählten wir uns Geschichten über Griechenland, Italien, Frankreich, Kenia und alle Länder, die eine Küste haben, bis Takis auftauchte, begleitet von Spiro, der erleichtert und fast entspannt aussah, weil ihm jegliche Verantwortung abgenommen war. Er zündete eine Zigarrette an und nahm eine Flasche Bier entgegen, suchte eine fette Krabbe aus dem Eimer, zerdrückte sie und warf sie einer vorbeifliegenden Möwe zu.

„Sie sind groß in diesem Jahr!" Er lächelte und verstummte wieder.

Ich folgte Takis in den Maschinenraum, während Ahmed durch die Luke zu uns hinabspähte, wild entschlossen, etwas über die Geheimnisse der Mechanikerkunst zu erfahren. Takis war ein guter Ingenieur. Ich beobachtete jede einzelne seiner Handbewegungen, als er sich des Motors annahm. Schließlich erklärte er den Anlasser für so gut wie neu. Er machte die üblichen Dinge für das Versagen verantwortlich: Regenwasser, Kondensation und verrostete Kontakte. Als der Motor ohne Probleme ansprang, sagte er: „Wunderbare Maschine. Eine der besten. Da geht nie was kaputt. Es sind immer nur die dummen kleinen Zubehörteile, wie Anlasser und Batterien und Wasserpumpen und Lager, die versagen." Ich verstand diese Logik nicht ganz, da die „dummen kleinen Zubehörteile" den Motor schließlich zum Stillstand bringen konnten.

Als es ans Abschiednehmen ging, bedauerte ich einen Moment lang, diese Menschen und ihre schwimmende Welt verlassen zu müssen. In den paar Stunden in ihrer Gesellschaft, besonders mit Aris, hatte ich so viele Erinnerungen an Griechenland wieder durchlebt: das geschäftige Piräus, die Inseln Korfu und Kreta. Ich wäre gern bei Spiro und Cristo und ihrer Krabbenfänger-Flotte aus Galveston geblieben, um mehr über sie und ihr Leben zu erfahren.

„Danke, meine Freunde", sagte ich und schenkte ihnen ein paar Flaschen Chianti. „Trinkt heute abend einen auf die Leute von der Dhau."

Dann waren wir wieder unterwegs mit Kurs auf Lavan. Ich schlug wieder einmal den „Gulf Pilot" auf. Darin stand, daß Jazireh-ye-Lavan bis auf ein paar Erhebungen von etwa fünfunddreißig Metern braun und sehr flach sei. Die Insel sei nur anderthalb Kilometer breit und zwanzig Kilometer lang und nachts oder bei dunstigem Wetter extrem schwer auszumachen. Es gäbe jedoch mitten auf der Insel einen einzelnen, markanten Baum.

Ich brauchte aber kaum auf den Kompaß zu blicken, sondern konnte mich nach den inzwischen allzu vertrauten Gasflammen vor uns richten. Doch wir wollen dem „Pilot" Gerechtigkeit widerfahren lassen, denn wir haben auch den Baum gesehen. Er schien aus der Ferne ganz allein für sich mitten im Meer zu stehen. Dann zeigten sich die Erhebungen und schließlich die gesamte Insel.

Wir legten an einem der Zementpiere des neuen Hafens an, nicht weit von einer Reihe kleiner Dhaus, die Gemüse ausluden, das vermutlich aus Mugan oder Al Moka auf dem Festland stammte.

Das Wasser war kristallklar und von Schwärmen von Seenadeln bevölkert. Mirella drängte darauf, an Land zu gehen und die Mitglieder des berühmten „*Cornuti*-Clubs" kennenzulernen, aber ich konnte nicht widerstehen und mußte meine Angel auswerfen. Die Seenadel ist einer der am leichtesten zu fangenden Fische. Sobald mein kleiner Streifen Tintenfisch auf dem Wasser aufgetroffen war, da biß auch schon eine riesige Seenadel von einem Meter Länge an, und ein faszinierender Kampf entspann sich zwischen uns. Der Fisch sprang hoch und schoß dann davon. Ich ließ ihn an der langen Forellenleine etwa fünfzig Meter davonziehen, ließ ihn hin und her flitzen, bis er müde war, und holte ihn schließlich an Bord.

Nach diesem Zwischenspiel, das die Mannschaft mit einer Mahlzeit versorgte, machten wir uns auf zur italienischen Küche von Green Park, wo die Köche sich freuten, mich wiederzusehen, und Mirella überglücklich begrüßten. Sie versuchten alles, um uns zu überreden, die Reise aufzugeben und für immer bei ihnen zu bleiben. Um vorzuführen, was uns entging, wenn wir wieder davonsegelten, servierten sie uns ein unvergeßliches Mahl: Schinken aus Parma, Bologna und aus Friaul, Salami aus allen Gegenden Italiens, Ravioli, Fettucine, Fischmayonnaise, Austern, *agnolotti, fidellini, pastina in brodo, ragu ai tartufi* und alle erdenklichen Käsesorten. Ich verspürte Schuldgefühle, weil ich mich fragte, ob Marco Polo bei seiner Landung in Lavan wohl auch so gespeist oder sich mit alten Hammelkoteletts à la Scheich Soy'eb begnügt hatte?

Gastronomisch gesehen war unser Besuch ein voller Erfolg. Was aber die Dhau-Welt betraf, so war er enttäuschend, denn Mirella und ich hatten gehofft, ein paar der scheuen Perlenfischer zu erspähen, die die Insel zuweilen besuchten. Wir hatten soviel über ihre langen, schmalen Dhaus gehört, die von fünfzehn, sechzehn Ruderern vorwärtsgetrieben wurden wie die Trieren des Alterums. Doch wir fanden nur Haufen leerer Austernschalen auf dem Oststrand. Die wenigen Fischer, die nach Entwicklung der japanischen Zuchtperlen-Industrie übriggeblieben waren, hatten sich, ihres Lebensunterhalts beraubt, in ihre Dörfer zurückgezogen. Einige hatten auch bei den Ölgesellschaften einträglichere Arbeit gefunden.

Am Abend des zweiten Tages segelten wir Richtung Bandar Linge, begleitet von den Abschiedsrufen der italienischen Köche.

Ich hatte gehofft, diesen Hafen etwas lebhafter vorzufinden als beim letztenmal, denn die Saison rückte näher. Inzwischen mußten die Dhau-Schiffer aus dem Winterschlaf erwacht sein, um sich auf die Reise nach Afrika vorzubereiten. Doch wieder wurde ich enttäuscht. Im Hafen lagen zwar drei prächtige, hochseetüchtige *booms*, deren gut geölte Rümpfe in der Morgensonne glänzten, doch sie waren leer und nicht segelbereit. Die Stadt lag verlassen wie immer da: der gleiche Müll und Schutt, die gleichen zerfallenden Häuser, der gleiche überwältigende Gestank.

Ich war schon fast entschlossen weiterzufahren, ohne an Land zu gehen, als ich einen iranischen Araber sah, der in einem Kanu auf uns zupaddelte.

„Jambo, jambo, Karibu!" rief er.
„Jambo, habari?" rief ich zurück. „Hallo, was gibt's Neues?"
Es war Mohammed-al-Fudain, den wir zuletzt im vorigen Jahr in Mombasa gesehen hatten. Er war *sekoni* – Maat – der großen iranischen *boom* „El Mansur" gewesen.
„Mzuri sana, habari ya Mombasa?" fragte er, als er an Bord stieg. „Fein. Was gibt's Neues in Mombasa?" Dann begrüßte er Mirella, mich, Ahmed und Shaiyad in der traditionellen arabischen Form: „Salaam aleikum."
„Aleikum salaam", erwiderten wir.
Wie alle Schiffer in der Welt der Dhaus sprach er sowohl Arabisch als auch Suaheli, und so unterhielten wir uns in der letzteren Sprache, während Ahmed und Shaiyad aufmerksam zuhörten und immer aufgeregter nickten, als sie vertraute Namen wie Dubai, Khorramshar, Ras-al-Bab, Muscat, Mukhallah, Lamu und Mombasa vernahmen.
Mohammed bestätigte, was mir bereits bei meinem ersten Besuch geschildert worden war, nämlich daß Bandar Linge so oft von Erdbeben heimgesucht worden sei, daß es nun ein toter Hafen war. Er lebte mit seiner Familie in Kung, nur ein paar Kilometer weiter entfernt, und Kung sei der Heimathafen der hochseetüchtigen Dhaus. Dort würden sie auch immer noch Dhaus bauen. Alles sei besser in Kung: die Männer, die Dhaus, die Häuser. Und da es nur ein paar Kilometer weiter südlich lag, lud er uns ein, ihn am nächsten Tag dorthin zu begleiten, damit wir uns selbst davon überzeugen konnten.
„Aber wird Kung nicht von diesen Erdbeben betroffen?" fragte ich.
Mohammed wollte gerade zur Antwort ansetzen, als wir ein sonderbares Geräusch hörten, das den Rumpf der „Mir-El-Lah" zu durchdringen schien, so als schlüge jemand auf eine große Trommel. Es dauerte an, während wir aufstanden und erschrocken um uns blickten. Dann sahen wir, daß unser Aluminium-Dingi, das zwischen Mast und Bollwerk fest vertäut war, wie wild schaukelte. Vorsichtig gingen wir darauf zu. Ahmed und Shaiyad begannen Allah anzurufen. Zwischen dem Dingi und

der Reling lag ein riesiger Königsdorsch, dessen Schwanz mit der Kraft von siebenunddreißig Pfund auf die Decksplanken schlug. Er war aus dem Wasser auf Deck gesprungen. Selbst Mohammed mit seinen dreißig Jahren auf See hatte so etwas noch nicht erlebt.

Da war uns ein Abendessen in den Schoß gefallen, und wem konnten wir anders danken als Allah, dem Großen, Gnädigen?

Am nächsten Tag fuhren wir mit Mohammed nach Kung, wo ihm zufolge die älteste und größte Kolonie iranischer Araber lebte.

Man muß an dieser Stelle erklären, daß die Mehrheit der iranischen Bevölkerung zwar islamisch ist, aber nicht arabisch. Sie wehren sich dagegen, auch nur im entferntesten irgend etwas mit Arabern zu tun zu haben, und die iranischen Araber werden fast als Bürger zweiter Klasse betrachtet. Mohammed erklärte uns allerdings, der allgemeine Militärdienst habe viel dazu beigetragen, sie zu integrieren und Reibungen zu vermindern.

Die iranischen Araber gehören seit Generationen in die Welt der Dhaus, denn sie haben auf dem Meer die Selbstachtung und den Frieden gefunden, den man ihnen auf dem Land versagte.

Auf der Fahrt mit dem Taxi nach Kung geschrieb mir Mohammed das schwere Leben seines Volkes mit solcher Eindringlichkeit, daß ich Bandar Linge nicht mehr bloß als häßlichen Flecken sehen konnte. Ich war von den Anstrengungen beeindruckt, mit denen das Volk ein neues Leben zwischen den Ruinen versuchte, aufgab, was irreparabel war, ausbesserte, was stehengeblieben war, und aus dem Schutt Neues baute. Bandar Linge wird zwar in keinem Reiseführer als besondere Sehenswürdigkeit erwähnt, aber wenn man seine tragische Geschichte kennt, muß man seine Einwohner einfach bewundern.

Wir folgten der Straße nach Bandar Abbas und bogen an einem Stapel verkohlter Autoreifen nach rechts ab. Dahinter gab es keine richtige Straße mehr, und nachdem wir einmal fast im Sand steckengeblieben waren, beschlossen wir, das Taxi zu verlassen und zu Fuß weiterzumarschieren. Im Gänsemarsch schritten wir durch die Sanddünen und erwarteten auf jedem Kamm, das Meer zu erblicken, sahen statt dessen jedoch immer wieder nur unendliche Wellentäler aus Sand vor uns. Nach einer halben Stunde mühsamer Plackerei erblickten wir endlich die Windtürme von Kung. Ich hatte den Eindruck, daß es nicht auf iranischem Boden stand, sondern eine unabhängige See-Republik war, vom Rest der Welt durch Sand und Meer abgetrennt. Schließlich sahen wir vom Gipfel der letzten Düne aus Kung, das Meer und die Dhaus vor uns liegen. Wieder war es ein unendlich trostloser Anblick, diese Ansammlung elender Lehmhütten, der von faulendem Fisch übersäte Strand, ein aufgeblähtes totes Kamel, an dessen fauligem Fleisch sich die Krähen labten, eine unfertige Dhau, deren weiße Rippen in der Sonne bleichten. Mirella stand schweigend neben mir. Sie hob nicht die Kamera ans Auge.

Wir überquerten den Strand und gingen auf die Dhau zu, und Mohammed tätschelte ihr Ruder mit den Worten: *„Taijib, taijib – Gut, sehr gut."* Es war strenger Moslem; was Allah fertig haben wollte, würde fertig, was er aufgeben wollte, würde aufgegeben werden. Ich war nur ein verfluchter *mzungu* – ein weißer Mann – und konnte diese Philosophie nicht teilen. Aber ich wollte die Dhau retten, wollte sie aufs Meer bringen, zwei Dhaus besitzen statt nur einer.

Mohammed schien meine Stimmung zu erahnen und deutete aufs Meer, wo zwei Dutzend Dhaus an ihren Ankerketten schaukelten. „In einem Monat fahren wir los", sagte er. „Jetzt ist es noch zu heiß, und alle schlafen."

Wir waren durch Mauerritzen und Gucklöcher beobachtet worden, und bald kamen Männer aus den Lehmhütten heraus, fünfzig oder sechzig Sindbads, die uns auf Suaheli begrüßten. Ich erkannte meinen alten Freund Rashid unter ihnen, den stolzen, kleinen *nakhoda* der „El Mansur".

Mit ihrem Einverständnis fotografierte Mirella sie. Rashid erzählte mir ohne eine Spur von Trauer, daß die „El Mansur" ihre letzte Reise nach Afrika gemacht habe. Sie war, seit sein Großvater sie auf diesem Strand gebaut hatte, jedes Jahr dorthin gefahren, aber jetzt waren die Tage des Handels mit Afrika vorüber. Zuviel Papierkram, erklärte er, zu viele Probleme mit dem Zoll in Kenia und Tansania. Kein Handel mehr mit Somalia. Es warf nur wenig ab, wenn man *boriti*-Pfähle in Lamu lud, wohin ohnehin die Hälfte der Flotte fuhr. Er selbst habe einen neuen und gewinnträchtigeren Handel gefunden und fahre jetzt Schnittblumen, Topfpflanzen und Sämereien zu den noch dürren Gärten der reichen Araber in Dubai, Abu Dhabi und Kuwait. Andere hatten ein ähnlich profitables Geschäft aufgetan, indem sie illegale und legale Einwanderer übersetzten und versorgten, die für die Araber Städte und vor allem Straßen bauen sollten, damit die Kamelkarawanen endlich durch Mercedes-Benze und Toyotas ersetzt werden konnten. „Es ist gut, nach dem Geld zu segeln", sagte er. Und als ich erwiderte, der Iran habe genug Öl, um selbst reich zu werden, zuckte er die Achseln. „Sind wir denn Iraner?" fragte er. „Mein Land ist meine Dhau."

Die Hitze wurde langsam unerträglich. Wir konnten ihr aber nicht entfliehen, indem wir einfach in eines der Häuser gingen. Dort hielten sich schließlich die Frauen auf. Für Mirella wäre es eventuell noch möglich gewesen, aber auch sie hätte vielleicht durch die Anwesenheit von anderen Männern des Haushaltes Probleme verursacht. Wir sagten also unseren Freunden, daß ein Taxi auf uns warte. Sie neigten die Köpfe und preßten die Hände aufs Herz, wünschten uns eine gute Reise und begleiteten uns über den Strand. Ihre weißen *dish-dash* und Kopftücher wehten hinter ihnen her wie winzige Segel über einem Meer aus Sand.

Mohammed verließ uns als letzter, doch nicht, ohne uns ein Paket Datteln für seinen Vetter in Mombasa mitzugeben, als läge Afrika nur um die Ecke.

Kung war nichts weiter als ein bequemer Ankerplatz, ein Hafen, in dem die Dhau-Leute aus dem Iran ihre Frauen und Kinder unterbrachten und den lethargischen Sommer verlebten, während sie auf die neuen Winde warteten – eine arabische Enklave in feindlichem Land.

Der Sturm

Im Morgengrauen segelten wir los. Ich schlug Kurs auf die Insel Sirri ein, wo wir ankern und einen Tag ausruhen wollten. Doch wir waren kaum eine Stunde unterwegs, als ich spürte, wie das Wetter umschlug. Das Wasser wurde dunkelblau und die Luft frisch und kalt. Auch Ahmed hatte es gemerkt. Er hob einen angefeuchteten Finger in den Wind und blickte auf die Zirruswolken am Himmel. „Shamal", sagte er.

Ich setzte das kleine Sturmsegel, um die Dhau im stärker werdenden Seegang auszubalancieren, und steuerte hart am Wind auf Sirri zu. Die „Mir-El-Lah" rollte schwer, der *shamal* wehte stärker, und die Wellen wurden immer höher. Kein Zweifel, das würde eine ziemlich stürmische Fahrt werden. Nachdem ich die Karte studiert hatte, beschloß ich, auf Nord zu drehen und in den *shamal* und das offene Meer zu steuern. Dann würde ich wenden, das Hauptsegel setzen und vor dem Wind nach Sirri segeln. Meine Hauptangst war, daß wir erst nach Anbruch der Dunkelheit ankommen würden, und da es nur ein Leuchtfeuer gab, das zudem als unzuverlässig galt, bestand Gefahr, daß wir auf Grund liefen. Aber es gab vermutlich noch weitaus schwerwiegendere Probleme. Rückblickend stelle ich es mir entsetzlich vor, in einer solchen Lage zu sein, ohne Funk, ohne Schwimmwesten und nur mit einem kleinen Beiboot, das gerade eben zwei Personen auf ruhiger, flacher See tragen konnte. Mir erscheint das jetzt unglaublich, doch an Ballast hatte ich noch keinen Gedanken verschwendet. Die „Mir-El-Lah" hätte zehn Tonnen bei sich haben sollen. Kinder und Narren haben einen besonderen Schutzengel, sagt man. Meiner hatte an diesem Tag viel zu tun.

Wir mußten die Plane über dem Heck entfernen, damit die Dhau nicht wie ein Drachen abhob. Das gelang uns nur mit großer Mühe und dank Ahmeds unermüdlichem Einsatz. Gott weiß, was wir ohne diesen wertvollen Sindbad getan hätten. Vom Augenblick an, als er seinen Finger in den Wind hob und der *shamal* in den Wolken zu summen begann, wirkte er wie ein anderer Mensch, als habe sich Allahs Gnade auf ihn herabgesenkt. In

Ahmed und ich bei einer Kursbestimmung

seinen Augen stand keine Furcht, nur zunehmende Erregung. Jedesmal, wenn sich der Bug meiner geliebten *sambuk* über eine Welle hob und anschließend in ein Tal stürzte, wischte er sich die Gischt aus den Augen und grinste mich frohlockend an. In seinen glühenden schwarzen Augen stand die Ekstase eines Besessenen. Viele Male in jener Nacht ließ ich mich von seinem Lächeln anstecken.

Bis zum Nachmittag waren wir trotz schwerer Bedingungen auf unserem Nordkurs gut vorangekommen. Jetzt war es Zeit, daß wir uns der größten Herausforderung stellten: dem Setzen des großen Lateinsegels, eine Arbeit, zu der man normalerweise acht kräftige Männer benötigt. Konnten wir es schaffen? Und wenn es gelang, würde das riesige Leinentuch heil bleiben, wenn ich wendete und der *shamal* mit voller Wucht dagegen blies?

Ich übergab das Steuer an Mirella. „Halt sie um Himmels willen vor dem Wind", warnte ich sie. „Laß sie nicht ausbrechen. Bitte!"

Um die Sache weiter zu komplizieren, mußten wir die zwanzig Meter lange Rah erst auf die andere Seite des Mastes befördern. Das allein hätte schon einen Mann, der nicht Ahmeds Kaliber hatte, entmutigt. Aber er grinste ohne Unterlaß. Jedesmal, wenn wir nach Luft schnappten, schrie er: *„Shamal, shamal"*, als wolle er den Wind herausfordern.

Als wir die Rah endlich an Ort und Stelle hatten, war ich so erschöpft, daß ich beinahe beschloß, auf das Setzen des Lateinsegels zu verzichten. Doch ein zweiter Blick auf die Karte zeigte mir deutlich: jetzt oder nie.

„Fertig, Kapen."

Ahmed, Shaiyad und ich holten tief Luft, packten die große Falleine und begannen mit aller Kraft zu ziehen. Die beiden Araber stimmten ein Lied an. Ich murmelte ihre arabischen Laute mit.

Die Rah hing nun in halber Höhe am Mast, und das Geräusch des im Wind knatternden Segels war panikerregend.

Selbst Ahmed verstummte, während ich nach hinten rannte, um Mirella zu beruhigen.

„Mach dir keine Sorgen. Alles ist in Ordnung. In ein paar Minuten sind wird fertig", sagte ich und umarmte sie.

Es schien Stunden später, als das Segel endlich oben war, und während Ahmed die Falleinen befestigte, übernahm ich wieder das Steuerrad. Die Position der Rah ließ mir keine andere Wahl, als nach Steuerbord zu segeln, nach rechts, wie ich es immer noch nannte. Aber ein paar entsetzliche Sekunden lang erstarrten meine Hände am Steuer.

„Wenden, Kapen, wenden!"

Die Dringlichkeit ihn Ahmeds Gebrüll war unverkennbar.

Halbblind von der Gischt lehnte ich mich mit aller Kraft gegen das Steuerrad, aber die „Mir-El-Lah" reagierte nicht. Statt dessen neigte sie sich auf die linke Seite. Ich war sicher, wir würden kentern. Das Schanzdeck war schon unter Wasser. Doch dann merkte ich plötzlich, wie das Rad unter meinem Griff nachgab und der Bug nach Steuerbord schwang. Der *shamal* füllte das große Segel, und wir flogen vor dem Sturmwind. Endlich kam der „Mir-El-Lah" ihr geringer Ballast zugute, und wir müssen an die zwölf Knoten vorgelegt haben.

Gegen Abend sichteten wir einen kleinen weißen Punkt in der Ferne, den wir für das Leuchtfeuer von Sirri hielten. Wenn wir Steuerbord daran vorbeifuhren, mußten wir uns nach dem „Gulf Pilot" einem natürlichen Hafen nähern. Das Handbuch warnte: „Die Ankerung vor Sirri ist schwierig, der Grund hält nur schlecht den Anker." Aber wir waren zu glücklich und aufgeregt über die gute Leistung der „Mir-El-Lah", um uns von solchen Informationen erschrecken zu lassen, und sobald wir den Punkt umrundet hatten, machten wir uns an die schweißtreibende Aufgabe, das Hauptsegel einzuholen.

Der *shamal* wehte immer noch kräftig, so daß mir bis zu diesem Tag schleierhaft ist, wie es uns gelang, das Segel einzuholen, einzurollen und festzuzurren, ohne daß es von einer plötzlichen heftigen Bö über Bord gerissen wurde. Als es endlich eingeholt war, steuerten wir mit Motorkraft in einen dichten Sandsturm, der die Sichtweite auf wenige Meter reduzierte. Nach den Anweisungen des „Gulf Pilot" schob ich die „Mir-El-Lah" bis auf dreißig Meter an das sandige Ufer und warf beide Anker. Erstaunlicherweise schienen sie zu halten, aber ich wollte kein Risiko eingehen und teilte Wachen ein. Ahmed meldete sich freiwillig für die erste. Ich ging nach unten und betete wie der heilige Paulus, daß es Morgen würde. Ahmed und Shaiyad hoben die Arme gen Himmel und dankten Allah, daß er uns so gut durch den Sturm geleitet hatte.

Am nächsten Morgen lag das Deck unter mehreren Zentimetern Sand begraben. Der Sand war überall – in unseren Kojen, im Essen, im Wasser, in Haaren, Mund und Nase. Um uns zu schützen, verzogen wir uns in unsere Schlafsäcke und ließen nur für die Augen einen Schlitz frei. Später warfen wir unsere *dish-dash* über und wanderten wie ein Geisterquartett über die Mini-Sanddünen auf dem Deck der „Mir-El-Lah".

Der Wind hatte im Verlauf der Nacht leicht nachgelassen, aber wir konnten außerhalb unseres geschützten Ankerplatzes immer

Die Mannschaft der "Mir-El-Lah" nach überstandenem Sturm

noch die wütenden weißen Gischtkämme sehen. Durch den Schleier aus feinem Treibsand erkannten wir auch, daß der Himmel blau war. Die zerrissenen Wolken des Vortags waren nun, gehetzt vom *shamal*, zu weißen Fetzen geworden. Diese Zeichen machten uns Mut, und ich beschloß, den Wind zu nutzen, um nach Dubai zu segeln, anstatt darauf zu warten, bis er sich legte.

Ich startete den Motor. Er sprang an! Ahmed und Shaiyad machten das Segel los. Mirella blickte aufs Meer und rief: "Wir bekommen Besuch."

Die "Austin Prince", ein großer Schlepper, stampfte von Osten auf uns zu. Als er vor uns Anker warf, sah ich einen Mann, der eine rote Baseball-Mütze schwenkte.

"Ist das etwa Domenico Ravera?" fragte ich Mirella.

"Ja, es ist Domenico", antwortete sie erfreut.

Unter beträchtlichen Schwierigkeiten wurde ein Boot herabgelassen.

„Gott, bin ich froh, euch gefunden zu haben! Wir haben uns Sorgen gemacht und die ganze Nacht nach euch gesucht", rief Domenico uns zu, als er an Bord stieg und uns gerührt umarmte. Er erzählte uns weiter, der Sturm, den wir so wunderbarerweise überstanden hatten, sei einer der schlimmsten seit Jahren gewesen und habe mit über sechzig Knoten Spitzengeschwindigkeit getobt. Mehrere Schiffe seien gesunken, viele Ölplattformen seien beschädigt. Nur neunzig Kilometer von Sirri entfernt sei ein Tanker auf dem Weg nach Dubai gekentert. Domenico habe in Lavan, Bandar Abbas und Bandar Linge per Funk nach uns geforscht. Aufgrund von Auskünften in Khorramshar und von seinem Agenten in Linge habe er sich schließlich ausgerechnet, daß wir unterwegs nach Dubai waren, als der Sturm losbrach.

Die „Austin Prince" war gerade aus Corpus Christi, Texas, angekommen und auf dem Weg nach Jazirath Farur, um einer Ölplattform zu Hilfe zu kommen, die sich im Sturm losgerissen hatte.

„Ich konnte den Skipper überreden, vor Sirri zu stoppen, für den Fall, daß ihr es bis dorthin geschafft habt. Wenn wir euch hier nicht gefunden hätten, hätten wir aus der Luft weitergesucht. Wie zum Teufel hast du es geschafft?" fragte er.

Ich berichtete ihm, daß wir das Lateinsegel gesetzt hätten und vor dem Wind gesegelt seien. Ohne Ahmed und Shaiyad, die er für mich ausgesucht hatte, hätten wir es nie geschafft.

„Dein Glück, kein Funkgerät zu haben", meinte er. „Wenn du die Warnungen gehört hättest, wärst du vor Angst gestorben."

„Das ist das Glück der Anfänger." Ich lachte.

Neidisch sah er sich auf der „Mir-El-Lah" um. „Dieser Schlepper, auf dem ich fahre, ist vermutlich das effizienteste Ölplattform-Hilfsschiff, das es gibt. Er hat vier Maschinen mit jeweils fast dreitausend Pferdestärken und einen Bugmotor, um ihn rückwärts anzutreiben. Er dreht sich um sich selbst und fährt seitwärts. Mit Flügeln würde er vermutlich auch fliegen. Aber ich liebe diese ‚Mir-El-Lah'", sagte er und streichelte die Reling.

Domenico lud uns an Bord der „Austin Prince" zum Frühstück ein.

„Wann wollt ihr nach Dubai aufbrechen?" fragte er.
„Jede Minute", antwortete ich.
„Warte lieber einen oder zwei Tage. Das ist besser."
„Vielleicht. Aber ich glaube, mit diesem Wind könnten wir heute abend schon da sein."
Er zuckte die Achseln. „Wie du willst. Aber paßt auf. Die Hafeneinfahrt ist schmal und schwierig."
Ich hatte ihn im Verdacht, daß er, wäre er mit uns anstatt mit dem computerisierten Schlepper gefahren, mich gebeten hätte, sofort loszusegeln.
Wir genossen in der verchromten und plastikverkleideten Cafeteria ein amerikanisches Frühstück mit Kaffee, Cornflakes und Brötchen und lernten den Skipper kennen, einen stämmigen Mann in den Fünfzigern. Es sei sein erster Trip in die Alte Welt, erzählte er uns mit seinem breiten Südstaaten-Akzent, und er hoffe bei Gott, daß es auch der letzte sei.
„Verdammt noch mal", meinte er und häufte sich Cornflakes auf den Teller, „da sitze ich in Corpus Christi an meinem ersten freien Tag seit Monaten zu Hause und sehe mit meiner Frau und meinem Jagdhund fern, da klingelt das verdammte Telefon. Und noch ehe es mir richtig klar wird, bin ich schon unterwegs nach einem gottverlassenen Ort namens Jazirath Farur auf der anderen Seite der Erde. Ich werde von der Continental Oil bezahlt, und die ist von einer französischen Gesellschaft gechartert, und die verchartern wiederum an die Dubai Petroleum. Als ich klein war, hat mein Lehrer mir beigebracht, alle Amerikaner seien frei. Ich möchte verdammt sein, wenn das Freiheit ist! Ich sage dir eines: Bleib mit deiner hübschen Frau lieber an Bord deiner Dhau, und verchartere dich vor allem niemals. Nicht gegen noch so viel Geld. Das ist der beste Rat, den ich dir geben kann. Hier, nimm das", schloß er und reichte mir eine Kopie seiner Seekarten.

Wir verabschiedeten uns von dem klugen, wettergegerbten Südstaatler und umarmten Domenico. Wir versprachen, uns in Dubai wiederzusehen – *inshallah*.

Unsere Anker lagen fest im Sand eingebettet, und wir konnten sie nur lichten, indem wir vorwärtsfuhren. Ich bin sicher, Domenico beobachtete uns mit ein wenig Stolz – und Neid –, als wir das Segel setzten und vor dem Wind davonflogen. Das Lateinsegel zog uns wunderbar. Die „Mir-El-Lah", praktisch ohne einen Kiel und ohne Ballast, schoß über die Wellen wie ein Pfeil. Sie war nicht schwer zu steuern, denn sie gierte und schwankte nicht, wenn sie vor dem Wind fuhr.

Unterwegs sichteten wir etwas, das zunächst wie ein riesiger Wal aussah. Doch beim Näherkommen sahen wir, daß es der Rumpf des Tankers war, der in der vergangenen Nacht gekentert war. Daneben lag ein Schlepper, der mit Flaggen signalisierte, daß hier ein gefährliches Wrack lag.

An diesem Tag war uns der *shamal* freundlich gesonnen und ließ erst nach, als wir uns Tankern und anderen Schiffen näherten, die außerhalb der Dreimeilenzone vor Dubai auf Reede lagen.

Dubai

Lagen wir wirklich kurz vor Dubai und der Einfahrt in den Smugglers' Creek, oder würden wir über kurzem die Freiheitsstatue erblicken?

Mirella staunte mit offenem Mund. „Du liebe Zeit, das ist ja Manhattan!"

„Das mußt du dir einbilden. Hier, lies", sagte ich und reichte ihr den „Gulf Pilot", den ich auf Seite 165 aufgeschlagen hatte.

Laut las Mirella: „Dubai liegt ein paar Kilometer landeinwärts. Von dort erstreckt sich ein Dattelhain etwa drei Kilometer in südöstlicher Richtung und endet in einer dichten Baumgruppe. Dera heißt der große Vorort aus Lehmhütten, unter denen sich aber auch eine Reihe gutgebauter Häuser mit viereckigen Türmen befindet. Nicht weit vom Fort ragen zwei auffällige Minarette auf ..."

Sie brach ab und fuhr dann fort: „Weiter heißt es hier: ‚1967 wurde berichtet, daß neue Gebäude es erschwerten, die alten Orientierungspunkte zu erkennen' – und das ist wohl die größte Untertreibung aller Zeiten. Sieh dir mal die Skyline an!"

Doch trotz aller Modernisierung gab es immer noch Dhaus hier. Mit uns zusammen fuhren drei andere in den Smugglers' Creek ein, zwei stammten aus Pakistan, und eine war eine motorisierte *abubuz* ohne Segel. Mir gelang es gerade, vor ihnen einzufahren, nachdem ich das Segel eingeholt und festgezurrt hatte. Die Fahrt von Sirri hatte nur einen halben Tag gedauert, eine Rekordzeit.

Hinter dem geschäftigen Creek tauchten mehrere Wolkenkratzer auf. Bald würden sie eine künstliche Schlucht bilden, auf deren Grund die Dhaus weiter ihren Handel trieben, bis man sie eine nach der anderen durch stählerne Frachter ersetzte.

Dubai bildet zusammen mit den Scheichtümern Abu Dhabi, Ajman, Umm al-Qaiwain, Ras al-Khaima, Sharja und Fujaira die Vereinigten Arabischen Emirate. Vor einem Jahrhundert galt diese Gegend als die Piratenküste, um die alle Schiffe aus Europa und Asien einen weiten Bogen schlugen. 1853 wurde mit Großbritannien der „Immerwährende Friedensvertrag" geschlossen, um die Interessen der berühmten Ostindiengesellschaft zu sichern, der, wie ich glaube, heute noch in Kraft ist. Dubai hat sich in zehn Jahren stärker verändert als jeder andere mir bekannte Ort. Indiens Hunger nach Gold, das man mit Dhaus aus Dubai schmuggelte, und die bedeutenden Ölfunde haben dem Scheichtum so viel Reichtum gebracht, daß Wolkenkratzer und Autobahnen die Lehmhütten, Minarette und Kamelwege ersetzten, sowie einen Lebensstil, der, wie ich meine, noch nicht bereit war für seine so plötzliche Auslöschung.

In jenem Moment war jedoch die Welt der Dhaus noch sehr lebendig, und *Alhamdu l'illah* – gepriesen sei Gott – gab es noch genug Geschichten, Menschen, Lehmhütten, Windtürme, Forts und Minarette, um mit dieser alten Welt in Verbindung zu bleiben, die ich so liebte. In diesem besonderen Fall bleibt mir die These besonders unverständlich, daß Fortschritt logisch, notwendig und natürlich sei. Die Menschenseele braucht Schönheit ebensosehr, wie der Körper Nahrung braucht. In Dubai wurde ich Zeuge eines Wandels, der schließlich viele der zähen, sehnigen Wüstenbewohner zu gierigen Städtern und fetten Faulpelzen machen würde. Ein Beduine mit seinem Kamel aus der Wüste bleibt innerlich nicht der gleiche Mensch, wenn er neben einem Toyota vor einem Wolkenkratzer steht – und ich lasse mir von niemandem erzählen, ich sei ein unheilbarer Romantiker.

In dem Kanal lagen so viele Dhaus, manchmal sechs nebeneinander, daß wir auf einen Liegeplatz warten mußten, während vor uns eine Ladung Melonen aus Karatschi gelöscht wurde. Glücklicherweise dauerte das nicht lange – in Dubai herrscht lebhafte Nachfrage nach frischem Gemüse und Obst. Sobald das andere Schiff abgelegt hatte, griff eine Armee hilfsbereiter Sindbads nach unseren Leinen. Sie schienen ganz offensichtlich fasziniert von unserer geheimnisvollen Flagge, von dem weißen Mann am Steuer und der hübschen europäischen Frau neben ihm. In kürzester Zeit hatten wir zwischen zahlreichen Dhaus aller Formen und Größen festgemacht.

„Das, Mirella, ist die Welt der Dhaus", erklärte ich etwas pathetisch.

Wir planten einen mehrwöchigen Aufenthalt in Dubai. Ich war müde und brauchte Ruhe. Die Filmcrew war zwar ungeduldig, aber ich teilte ihnen mit, daß zuerst die Maschinenwelle der „Mir-El-Lah" überholt und die Dhau absolut seetüchtig hergerichtet werden mußte.

Als ich das durchgesetzt hatte, besuchte ich meinen alten Freund Kabul, den Zimmermann, und erklärte ihm die Probleme mit der Welle, die sich ergeben hatten, weil der Maschinenunterbau sich verzogen hatte. Nachdem er an die Arbeit gegangen war, brachte ich den arabischen Vertreter für „Kubota" an Bord (der japanische Motor in der „Mir-El-Lah" war ein „Kubota"-Fabrikat). Er trug einen weißen *dish-dash*, und ich erwartete, als er in den Motorraum hinunterturnte, daß er ölverschmiert wieder auftauchen würde. Doch fünf Minuten später kam er lachend und immer noch fleckenlos weiß wieder zum Vorschein.

„Taijib", meinte er. „Alles taijib. ‚Kubota'-Motoren sind sehr gut."
„Was ist denn mit der Pumpe?" fragte ich.
„Taijib."
„Und der Anlasser?"
„Taijib", lautete die unvermeidliche Antwort.

Das überzeugte mich nicht, und es dauerte fünf Jahre und über zwanzigtausend Kilometer, ehe ich zugestand, alles sei tatsächlich taijib. Das war es nämlich.

Während Mirella mit ihren Kameras unterwegs war, machte ich einen Tauchausflug mit einer Fischer-Dhau aus Dubai nach Ras-al-Khaima. Freunde hatten mir erzählt, ein alter deutscher Dampfer, die „Dara", sei 1960 fünfzehn Kilometer vor der Küste gesunken. Dreihundert Passagiere seien mit ihr untergegangen. Einige Skelette, so hieß es, schliefen immer noch in ihren Kabinen. Da ihre Geister das Wrack heimsuchten, habe Angst die Taucher aus der Gegend abgehalten, in den Kabinen der „Dara" nach Gold zu suchen.

Als wir bei dem Wrack ankamen, das von einer Boje markiert wurde, senkten die Fischer ihre Fischreusen hinab, die wie Iglus geformt und so groß waren, daß ein Pferd darin Platz gehabt hätte.

Ich ignorierte die üblichen Warnungen vor Haien und legte Maske und Flossen an, um die Strömungen und Klarheit des Wassers zu testen. Die Bedingungen waren ideal. Es war windstill, und das Wasser, das hier gewöhnlich trüb sein sollte, kristallklar. Mir war nicht bewußt, welches Glück ich an jenem Tag hatte, denn ich machte mir später die Mühe – und zahlte viel Geld –, um Horace Dobbs zu engagieren, einen Unterwasserkameramann aus London. Er sollte die „Dara" für mich filmen, aber nie wieder konnte er oder ich in der trüben Brühe weiter als ein paar Meter sehen.

Am Morgen nach meinem Erkundungsausflug tauchte ich wieder hinab, diesmal mit voller Ausrüstung. Es war die beste Tauchtour meiner gesamten Unterwasserkarriere. Die Explosion

Fischer-Dhaus mit ihren großen Reusen

im Heck der „Dara" hatte das Schiff in drei Teile zerbrochen. Ich konnte nichts Unheimliches an dem Wrack entdecken, das dabei war, sich mit dem Meeresboden zu verschmelzen. Ich sah keine Skelette, nur Tausende von Fischen. Es gab große Barrakudas, die zu zweien und dreien herumschwammen, und Schwärme kleinerer. Rote Schnappbarsche, die bis zu zwanzig Kilo wogen, und große Klippenbarsche spähten mich aus ihren Höhlen an. Dazu die üblichen kleinen bunten Fische, die ich immer erst vertreiben mußte, um einen Weg vor mir zu erkennen. Auf dem Meeresboden lagen riesengroße Stachelrochen, halb im feinen weißen Sand vergraben, die von den harmlosen, aber neugierigen Sandhaien umkreist wurden. Aus respektvoller Entfernung beobachtete ich einige kleinere Haie, unter ihnen einen fünf Meter langen Tigerhai.

Ich fand auch die erste von vielen verlorenen Fischreusen. Strömungen und schlechtes Wetter hatten sie in den Trümmern,

Sparren und Balken der „Dara" verklemmt. Sie waren verrostet und dicht mit Entenmuscheln besetzt. Ein Käfig hielt einen großen Schnappbarsch gefangen, der mich traurig anstarrte. Ich fand, er ähnelte dem Grafen von Monte Christo. Er tat mir leid, und ich versuchte ihn freizubekommen, schnitt mir aber dabei nur die Hand auf. Außerdem wurde meine Atemluft knapp, und ich mußte aufsteigen, wobei ich eine Blutspur hinter mir herzog.

Einen der ersten Besuche in Dubai statteten wir Scheich Mohammed-al-Maktum ab, dem Sohn des Herrschers Rashid. Wir wurden in der offiziellen Residenz in einen großen, spärlich möblierten Raum geleitet, in dem sich eine Reihe sonnengebräunter britischer Offiziere befanden, die Berater des Scheichs, die Wüstenuniformen und rot-weiße *aghals* trugen. Neben ihnen saßen Würdenträger aus anderen Emiraten, die auf Besuch waren, ortsansässige Geschäftsleute, Falkner und arme Wüstenbewohner, deren schlichte Art und abgetragene Kleider in krassem Gegensatz zu den teuren, modernen Möbeln und verspiegelten Fenstern standen. Beduinische Leibwächter mit ihren traditionellen Wüstengewändern standen, Maschinengewehre umklammernd, in allen vier Ecken.

Die Falkner waren von allen Anwesenden am beeindruckendsten. Sie standen mit den haubentragenden Raubvögeln auf der Faust reglos wie Statuen. Ab und zu brachte ein Diener auf einem Silbertablett ein Glas Wasser für die Vögel.

Wir warteten, während Scheich Mohammed sich seinen Besuchern widmete. Jeder, der um etwas bat oder ein Geschäft abschließen wollte, mußte sein Anliegen öffentlich vortragen. Als wir an der Reihe waren, lauschte der Scheich interessiert. Ich berichtete von unserer Reise von Khorramshar und unserem Wunsch, so viel wie möglich über die Welt der Dhaus zu erfahren.

Zu unserer Enttäuschung erklärte er, wie wenig die alte Tradition der Segler seinem Volk bedeute. Dhau-Fahrten fänden nur Fremde romantisch, meinte er, im Golf seien Dhaus nur wegen ihrer großen Ladekapazität von Bedeutung. Das Segeln sei harte

Arbeit, und die Matrosen seien schwer schuftende Menschen, und mit Romantik habe das nichts zu tun. Da es nun leichter geworden sei, in Dubai seinen Lebensunterhalt zu verdienen, werde die Segeltradition immer unwichtiger.

Mich überraschten diese Äußerungen, denn das Wahrzeichen Dubais war die Dhau. Als ich den Scheich erinnerte, daß man die Dhau in den meisten Emiraten und Scheichtümern der arabischen Halbinsel auf Münzen, Fahnen, Stempeln und Briefmarken fände, meinte er, das müsse man wohl bald ändern.

„Ich werde sie durch den Wanderfalken ersetzen", sagte er. „Wie Sie sicher wissen, liebe ich diese Vögel. Ich hoffe, Sie eines Tages auf eine Jagd in die Wüste einladen zu können. Ich werde *habaras*, das sind kleine Bussarde, jagen."

Darauf brauchten wir nicht lange zu warten. Schon am nächsten Morgen um sieben Uhr hielt ein Range Rover neben der „Mir-El-Lah", und ein schneidiger Offizier des Wüstenkorps lud uns zu einem Jagdausflug mit Scheich Mohammed ein. Wir sollten so mitkommen, wie wir waren – der Scheich würde alles Notwendige zur Verfügung stellen.

Eine halbe Stunde später saßen wir in einem Hubschrauber und flogen über die Wüste. Im Norden sahen wir die Berge über dem Morgennebel aufragen, ringsum erstreckten sich die goldenen Sanddünen bis zum Horizont. Wir flogen nach Osten, direkt in die Sonne, zum Golf von Oman. Im Westen lag der Persische Golf. Es war fast so, als säßen wir neben einem arabischen Prinzen auf einem fliegenden Teppich.

Wir landeten neben einer Oase, einem einsamen Brunnen, der von Zelten und Falken umgeben war, die auf kurzen Pfählen hockten. Den Nachmittag über ruhten wir uns aus, und man bot uns bis zum Sonnenuntergang weder zu essen noch zu trinken an, denn es herrschte Ramadan, der moslemische Fastenmonat. Am Abend saßen wir auf Teppichen und schlürften Minztee. Man brachte uns junge Falken zur Ansicht.

Ich hatte mich Jahre zuvor in Tunesien mit der Falknerei beschäftigt und konnte mich deshalb an den Diskussionen beteiligen. Dem Scheich gefiel, daß ich ein echtes Interesse an dem

Teepause in der Wüste

Sport hatte, und noch ehe wir an diesem Abend schlafen gingen, schlug er vor, ihn nach Pakistan zu begleiten, wo die Jagdmöglichkeiten besser seien.

Als wir am nächsten Morgen um sechs Uhr erwachten, saßen die Falkner mit ihren haubentragenden Vögeln bereits in den Range Rovers. Seit dem Morgengrauen waren Spurensucher unterwegs gewesen, um *habaras* auszumachen, und als der erste mit einer positiven Meldung zurückkam, fuhren wir los. In scharfem Tempo ging es über den Sand. Eine halbe Stunde später flog ein *habara* aus einem Busch auf. Der Falkner in unserem Auto nahm seinem Tier die Haube ab und ließ es frei. Der *habara* strich langsam dicht über den Boden. Unser Falke war noch ungeübt. Er flog zu hoch an dem Bussard vorbei, sah ihn nicht. Als er ihn endlich bemerkte, machte er eine scharfe Kehrtwendung, doch es war zu spät. Der *habara* schoß steil in den Himmel, der Falke hinterher. Wir sahen, wie die beiden Vögel immer höher stiegen, bis sie kaum noch zu sehen waren. Dann stießen sie zusammen und fielen zusammen zu Boden. Angeführt vom Scheich rasten wir über die Sanddünen, um sie zu suchen. Endlich erblickten wir unseren Falken, der auf seinem Opfer hockte und gierig in dessen Kopf und Augen hackte.

Bald nach unserem Jagdausflug machte uns Scheich Mohammed mit einem anderen Lokalsport bekannt, dem Kamelrennen. Es war das sonderbarste Sportereignis, dem ich je beigewohnt habe. Man brachte uns an den Stadtrand, wo sich eine Reihe von Kamelen, Jockeys, Land Rovers und Mercedes-Benzen versammelt hatten. Über eine Stunde beobachteten wir diese chaotische Szenerie, und dann, ohne Vorwarnung, rasten die Kamele los, dicht gefolgt von den Fahrzeugen. Bald waren alle außer Sicht, und wir hatten keine Ahnung, wohin sie verschwunden waren und wann – wenn überhaupt jemals – sie zurückkommen würden. Wir haben nie erfahren, wer gewann, und sind nicht einmal sicher, ob es bei diesem Rennen überhaupt ums Gewinnen ging.

Wir hatten uns inzwischen mit dem Scheich gut befreundet. Wenn er sich nicht selbst um uns kümmern konnte, dann machte sein Privatpilot, ein freundlicher Österreicher namens Gerhardt Trosch, mit uns Ausflüge in seinem Hubschrauber. Der schönste Trip war der nach Khor Fakkan am Golf von Oman. Wir unterbrachen den Flug in mehreren Oasen und ruhten uns im Schatten von Lehmburgen aus. Wir flogen über Berge, schwebten über verlassene Strände und Riffe und gegen Abend über die Perlenausternbänke. Einmal näherten wir uns auch einer heftig brennenden Bohrinsel vor der Küste von Dubai. Red Adair, der berühmte amerikanische Ölfeuer-Experte, sprengte sie eine Woche später in die Luft.

Ich hatte bemerkt, daß einer der Hubschrauber des Scheichs von Einschußlöchern übersät war. Gerhardt erklärte, daß die sieben Emirate zwar offiziell vereint, die uralten Fehden zwischen den Nachbarscheichtümern aber beileibe nicht aus der Welt geräumt seien. Die Feindschaft zwischen Dubai und Sharja zum Beispiel war berüchtigt. Vor einigen Monaten, als Scheich Rash-

Ein Lokalsport in den Emiraten: Kamelrennen

id, Mohammeds Vater, eine Straße von Dubai nach Khor Fakkan bauen ließ, beschuldigte der Scheich von Sharja die Dubais, Wasser aus einem Brunnen zu entnehmen, der ihm gehöre. Um das zu unterbinden, stellte er ein halbes Dutzend Wachen um diesen Brunnen auf. Als Scheich Mohammed davon erfuhr, flog er mit seinem englischen Luftkommandeur selbst zu dem Brunnen. Bei der Landung eröffneten die Wachen das Feuer. Der Hubschrauber wurde mehrfach getroffen, stürzte ab, und die Männer – unverletzt geblieben – mußten um ihr Leben zur nächsten Straße rennen, von wo sie ein Taxi zurück nach Dubai brachte. Ein paar Tage später vergalt Scheich Mohammed diesen Vorfall mit einem Artilleriefeuer auf den Brunnen, und so begann eine weitere Runde von Feindseligkeiten. Der Friede wurde erst wieder hergestellt, als der alte Scheich von Sharja von einem eigenen Gefolgsmann in seinem Palast erschossen wurde. Gerhardt erklärte, daß die Feindschaft zwischen den beiden Scheichtümern bis zur Jahrhundertwende zurückverfolgt werden könne, als Scheich Rashids Großvater dem unentschlossenen Scheich von Sharja einen Handelsvertrag unter der Nase wegschnappte und Dubai zum wichtigsten Handelszentrum des Golfes und zum Herzen der Welt der Dhaus machte.

Dubai war außerdem das Zentrum des Goldschmuggels. Fast zweihundert Tonnen Gold wurden jedes Jahr aus Europa eingeflogen und mit Dhaus nach Indien geschafft. Da in Dubai Import und Export von Gold frei und legal waren, wurde erst, wenn die Dhaus in Indien anlegten, Schmuggel daraus. Die Sucht der Inder nach Gold erschöpfte die nationalen Reserven so rasch, daß der Import 1947 verboten wurde. Danach nahm der Schwarzmarkt riesige Ausmaße an. Die Gold befördernden Dhaus waren von den einheimischen Fischerbooten Indiens und Pakistans nicht zu unterscheiden. Sie fuhren nur selten Häfen an, meistens fanden die Transaktionen weit draußen vor der Küste statt, so daß es unmöglich war, diesen Schmuggel zu unterbinden.

Wir verlebten eine so wunderbare Zeit in Dubai, daß wir unsere Abfahrt mehrfach verschoben. Scheich Mohammed bereitete inzwischen seine jährliche Falkenjagd in Pakistan vor und lud uns erneut ein mitzukommen, doch wir mußten ablehnen. Die Zeit drängte allmählich.

Am Tag seiner Abreise fuhren wir zum Flughafen, der von aus Mekka zurückkehrenden Pilgern überquoll. Wir folgten dem Scheich in seine private 707, in der seine sechzig Falkner bereits Platz genommen hatten. Die Vögel klammerten sich an die behandschuhten Fäuste der Männer. Es war ein bizarrer, unwirklicher Anblick: diese stolzen Wüstenbewohner, die mit Sicherheitsgurten an ihre Sitze geschnallt dasaßen, während ihr ehrfürchtiges *saalem aleikum* durch die Maschine hallte.

„Wollt ihr nicht doch mitkommen?" fragte der Scheich.

Traurig schüttelte ich den Kopf und versicherte ihm, daß ich es bestimmt mein ganzes Leben lang bereuen würde. „Aber wir müssen nach Afrika segeln, ehe das Wetter umschlägt", antwortete ich.

Die Musandam-Halbinsel

Wir lagen schon über einen Monat in Dubai, und alle nach Afrika segelnden Dhaus waren bereits losgefahren. Mir war klar, daß wir entlang der somalischen Küste mit dem Südost-Monsun rechnen mußten, wenn wir nicht bald ablegten.

Die Dhaus segelten nicht im Konvoi, denn sie reisten verschieden schnell und nach verschiedenen Häfen. Wie die Zugvögel waren sie beim ersten starken Wind aufgebrochen, und die „Mir-El-Lah" mußte ihnen nun bald folgen. Mir war meine Unerfahrenheit und die Verantwortung mehr als je zuvor bewußt, denn wir waren jetzt neun Personen an Bord, darunter meine beiden Töchter, unser „Pate" Roberto Gancia und Bob Zagury aus Paris, ein alter Tauchgefährte, der in Dubai zu uns gestoßen war.

Unsere Abfahrt zur geheimnisvollen Musandam-Halbinsel fand ohne Ahmed und Shaiyad statt, da die beiden nach Khorramshar zurückgekehrt waren. Sie waren uns in gutem wie in schlechtem Wetter treue Gefährten gewesen, und ich würde sie schmerzlich vermissen.

Wir hatten sie ersetzt – doch zu dem Zeitpunkt schien das kaum der richtige Begriff – und zwar durch die Kenianer Madeka und Kimuyu, die schon zehn Jahre in Kilifi für mich gearbeitet hatten. Beide waren Antilopenjäger und hatten das Meer noch nie gesehen, außer vom Deck der „SS Cementia" aus, auf der sie von Mombasa nach Dubai gekommen waren. Sie konnten nicht schwimmen und waren klug genug, sich Schwimmwesten mitzubringen, ihr einziges Gepäck.

Ich heuerte noch zwei indische illegale Einwanderer an, die den Kenianern die Grundzüge der Seefahrt beibringen sollten. Sie behaupteten, aus Madras zu stammen, und erzählten mir, ihre Vorfahren hätten schon vor den Tagen des Propheten Mohammed Dhaus besessen. Sie selbst würden seit ihrer Geburt auf Dhaus segeln. Doch an dem Morgen, als wir Dubai verließen, verrieten sie nur wenige Kenntnisse. Zuerst hielt ich sie für schüchtern. Sie lächelten viel und nickten zu allem, was ich sagte. Doch als wir das offene Meer erreichten und die „Mir-El-Lah" sanft zu rollen begann, färbten sich ihre Gesichter grünlich. Als ich herausfand, daß sie nicht einmal das Steuerrad vom Segel unterscheiden konnten, verlor ich die Beherrschung. Sie gestanden schnell, daß sie von der indischen Armee in Delhi desertiert und noch niemals auf See gewesen waren.

Da stand ich also mit einer vierköpfigen Crew, in der die erfahrensten Männer die beiden Antilopenjäger aus den Bergen

Eine indische Dhau: im allgemeinen stabiler als die arabischen, dafür weniger romantisch

Alte Frau mit Gesichtsmaske in Ras al-Khaima

Machakos waren. Ich hatte große Lust, die Deserteure im Beiboot mit Brot und Wasser auszusetzen. Doch unser Dingi war zu wichtig für uns, und so setzte ich sie am nächsten Tag auf der Hafenmauer von Ras al-Khaima ab. Ich zahlte ihnen aus Mitleid einen Wochenlohn (und beherrschte mich, sie in den Hintern zu treten) und fragte mich, wie ich es bis Afrika schaffen sollte. Wann würde ich jemals auf dieser Reise Schlaf finden? Aber wenn Allah wollte, daß ich die „Mir-El-Lah" nach Mombasa brachte, dann sollte ER auch meine Probleme lösen. Immerhin bestanden die meisten Besatzungen von Dhaus, die ich in Dubai gesehen hatte, aus Exsklaven von der ostafrikanischen Küste. In gewisser Weise folgte ich also den alten Traditionen.

Nachdem wir die beiden Deserteure in Ras al-Khaima abgesetzt hatten, schlug ich einen Kurs ein, der die vielen Sandbänke und Wracks weiträumig umfuhr. Wir waren etwa dreißig Meilen weit draußen auf See und segelten parallel zur Küste. Mir fehlte Ahmed, und bei Anbruch der Dunkelheit wünschte ich, er stünde neben mir.

Ich schlug ständig im „Pilot" nach, und die Warnungen darin nahmen mir kaum die Angst. Es stand viel über unberechenbare Winde, gefährliche Strömungen mit bis zu vier Knoten Geschwindigkeit, scharfe Felsnadeln, unfreundliche Höhlenbewohner und schwere Regengüsse darin.

Aber wie sehr konnte ich mich auf diese Informationen verlassen? Hatten Essoville und Shelltown vielleicht auch schon die Fischerhütten in Khasab Bay und Kumsar ersetzt? Die Tatsache, daß es dem „Pilot" zufolge in diesen Gebieten kein Erdöl gab, schloß keine Versuche aus, etwas dort zu suchen.

An jenem Abend brachte mich ein schlimmer Navigationsfehler meilenweit vom Kurs ab. Ich hatte mich nach zwei verschiedenen Karten gerichtet und fälschlicherweise angenommen, sie hätten den gleichen Maßstab. Um vier Uhr morgens beschloß ich, scharf nach Osten zu drehen und, nachdem ich Land gesichtet hatte, nach einem Ankerplatz in einem der vielen Fjorde zu suchen, die die Musandam-Halbinsel wie Finger einer gespreizten Hand aufbrechen.

Bei Sonnenaufgang näherten wir uns schwarzen Bergen, die sich über einem stahlgrauen Meer emporstreckten. In der Ferne erhoben sich immer höher und höher aufragende blaue Gipfel. Die ersten Sonnenstrahlen blitzten wie Suchscheinwerfer zwischen ihnen auf. Wir erkannten Khawr Khasab, einen langen, tiefen Fjord, der zur Hauptstadt von Musandam führte. Das Meer reflektierte die Berge, die Wolken und das blendende Sonnenlicht wie ein Spiegel. Die Landschaft war eine Kombination der Fjorde Norwegens mit dem Grand Canyon in Arizona. Es herrschte die ehrfurchtgebietende Stille großer Kathedralen. Über uns schwebten Fischadler in den Aufwinden.

Mirella und ich saßen am Bug – wie gebannt von der majestätischen Schönheit dieses Zauberlandes, das wir entdeckt hatten. Von Zeit zu Zeit gab ich Madeka am Steuer Anweisungen, denn nach der Karte wurde das Wasser in diesem Fjord rasch flacher, so daß wir in einiger Entfernung vom Ufer Anker werfen mußten, unterhalb des alten, viereckigen, sandfarbenen Forts von Khasab. Von den Befestigungen blickten uralte Vorderladerkanonen auf die See hinaus. Eine donnerte, wie um unsere Ankunft zu begrüßen, mit weithallendem Knall und einer schwarzen Rauchwolke los, aber keine Kanonenkugel schwirrte an uns vorbei. Später fanden wir heraus, daß es Brauch war, ankommende Segelschiffe mit einem Böllerschuß zu begrüßen.

Wir ließen das Dingi herab und wateten das letzte Stück zu Fuß an Land. Kimuyu blieb im Boot unterhalb des Forts zurück, neben zwei kleinen *sambuks*, die auf dem Strand lagen und auf die Flut warteten, um wieder schwimmen zu können. Vor dem Tor traten uns zwei Leibwächter des Gouverneurs entgegen. Sie sahen groß, bärtig und vornehm aus und trugen Gewehre und *khanjars*, lange gebogene Dolche, die in prächtigen Scheiden aus Leder, Silber und Gold steckten. Das waren sehr geschätze Besitztümer im Oman.

Ich überreichte den beiden meine Empfehlungsschreiben für den Wali, den Gouverneur. Die beiden Wächter waren von den auf arabisch gedruckten Dokumenten beeindruckt. Sie untersuchten sie aus allen Perspektiven, falteten sie auseinander und wieder zusammen und gaben sie mir schließlich zerknittert und fleckig zurück, ehe sie uns zum Fort hinaufführten, von wo aus wir auf die „Mir-El-Lah" hinunterblicken konnten. Kimuyu fischte vom Dingi aus. Die Angelschnur hielt er dabei mit den Zehen.

Während wir warteten, wurde ein Läufer zum Wali geschickt, um ihn zu informieren, daß freundlich gesonnene Ungläubige mit Briefen an den Sultan angekommen seien. Dann tauchte in einer Staubwolke und mit aufbrüllendem Motor ein Toyota Landcruiser auf, aus dem ein gutaussehender, sauber rasierter junger Mann auf uns zustürmte und uns in fließendem Englisch begrüßte.

„Willkommen, willkommen in Khasab! Ich bin der Wali. Bitte kommen Sie mit zu mir nach Hause. Es ist nicht weit!" rief er uns zu und breitete einladend die Arme aus.

Khasab mußte die kleinste Hauptstadt der Welt sein. Es bestand aus einem halben Dutzend Militärbaracken und einer ähnlichen Anzahl Lehmhütten, während der „Palast" kaum mehr als ein Fertigbungalow war, der mit seinen Plastiksesseln und Nylonteppichen in krassem Gegensatz zu seiner Umgebung stand. Aber der Wali war ein charmanter Gastgeber. Er bot uns unglaublich süßes *halva*, das den Duft verträumter Haremsgärten hatte, an, dazu schwarzen, bitteren Kaffee, den ein schüchternes junges Mädchen mit scheu gesenktem Blick servierte.

Als wir über unsere Pläne sprachen, einen Film über Dhaus und die dazugehörigen Menschen zu drehen, lauschte der Wali leicht amüsiert und überrascht, daß wir uns für Dinge interessieren, die für ihn so selbstverständlich waren.

„Ja, Sie haben recht. Die Welt ändert sich sehr rasch", stimmte er schließlich ein wenig traurig zu. „Nur Musandam bleibt gleich. Das liegt daran, daß man hier kein Erdöl entdeckt hat. Kein Öl, kein Geld – nichts. Strategisch gesehen – nun, ja, wir kontrollieren die Straße von Hormus mit unseren Kanonen! Alle fünf Minuten fährt ein Tanker vorbei, aber keiner hält hier an. Oman steht erst seit fünf Jahren dem Rest der Welt offen, und vielleicht wird es auch hier bald Veränderungen geben."

Ehe wir sein Haus verließen, schenkte er uns die Flagge des Sultanats von Oman und schlug vor, sie ständig zu setzen, denn in seinem Land könnten sonderbare Dinge geschehen, warnte er, und wir sollten vorsichtig sein.

„Lassen Sie sich niemals von anderen Dhaus umzingeln, besonders nicht nachts", sagte er ohne weitere Erklärung und entschuldigte sich, daß er uns keinen weiteren Schutz bieten konnte.

„Seien Sie doch so freundlich, meinen Freund Scheich Omer in Muscat zu bitten, mir von Ihrer Ankunft dort Bescheid zu geben. Oh, ja, und Kumsar müssen Sie besuchen, dort werden Sie gute Angelmöglichkeiten vorfinden."

Der Wali begleitete uns zum Strand zurück, und wir verbrachten unsere erste Nacht auf Musandam unter dem Schutz von sechs Kanonen, die die Portugiesen vor Jahrhunderten zurückgelassen hatten.

Am nächsten Tag segelten wir in der Morgendämmerung los, an der Shamm-Halbinsel entlang zur Küste von Khawr Jhubb Ali. Dort warfen wir am Ende eines weiteren sechs Kilometer landeinwärts reichenden Fjords Anker. Das Wasser war so klar, daß wir in sieben Metern Tiefe unsere Anker im Sand erblicken konnten. Kleine, leuchtend bunte Fische knabberten an ihnen herum, während die Wasseroberfläche die rosa, malvenfarbenen, violetten und aquamarinblauen Schatten der umgebenden Berge zurückwarf.

Mirella konnte sich kaum noch von ihren Kameras trennen. Derartige Schönheit war fast zu viel für sie. Ich selbst wäre am liebsten für Wochen dageblieben, um mich jeden Tag auf einen anderen Berg, einen anderen Teil des Fjordes zu konzentrieren.

Jener erste Tag bei Khawr Jhubb Ali war traumhaft schön. Roberto, endlich weitab von Telefonen und Telexen, schlief. Kimuyu döste vor sich hin und wachte nur auf, wenn ein Fisch an seiner Angelschnur anbiß, die er – wie immer – zwischen den Zehen hielt. Nur Madeka blieb aktiv und polierte hingebungsvoll den Motor, wobei er ständig sein Lieblingslied wiederholte: „Dies Land ist nicht meine Heimat ..., ich ziehe nur hindurch ..." Er sagte oft, er sei der Sohn von „niemandem". Als er zehn war, ging sein Vater, ein Fahrer auf unserer Farm in Kenia, auf und davon und überließ seine Mutter, Brüder und Schwestern ihrem Schicksal.

Gegen Sonnenuntergang kamen die einheimischen Fischerboote herein: lang und schlank, mit kunstvoll geschnitztem Bug und eingelegten Mustern aus Kaurimuscheln. Portugiesischen Einfluß konnte man auch an den langen, dünnen Rudern mit den kantigen Paddeln entdecken.

Sie zogen die Boote über geölte Planken an Land. Lila Dunst senkte sich über das Dorf, als die Sonne sank. Das Wasser wurde erst rot, dann schwarz, und den Himmel überzogen Sterne, die im Verlauf der Nacht immer größer zu werden schienen.

Bald nach Tagesanbruch machten sich Bob und ich, ohne die anderen zu wecken, mit unserer Tauchausrüstung im Dingi zur Mündung des Fjords auf. Als die Sonne aus dem Wasser stieg, tauchten wir in die phantastische Welt subtropischer Korallenformationen ein.

Ich hatte kaum Zeit, mich umzusehen, als ich eine rostige Ankerkette über einem Felsriff erblickte. Ich verfolgte sie nach unten weiter und fand den riesigen Anker selbst, der mitsamt seinem Ring gut erhalten war. Er war an die zwei Meter hoch, genau richtig für die „Mir-El-Lah". Zusammen mit Bob brachte ich ihn nach oben.

Als wir wieder auftauchten, meinte Bob, er habe halb im Sand vergrabene Holzteile entdeckt. Wir machten den Anker am Dingi fest und tauchten wieder hinab. Dieses Mal fanden wir das Wrack einer alten Dhau. Aufgrund der Länge ihres Kiels schätzten wir, daß sie einmal zwanzig bis fünfundzwanzig Meter lang gewesen sein mußte. Die Überreste waren so von Austern und Korallen überkrustet, daß wir vermuteten, sie müßte mindestens schon ein halbes Jahrhundert dort unten liegen.

Mit einiger Anstrengung gelang es mir, mit dem Messer einen Span von den Planken abzuschneiden. Das Schiff war aus Teakholz der allerbesten Qualität. In der Umgebung fanden wir Scherben von Geschirr. Wir waren so begeistert von unserem

Kumsar auf der Halbinsel Musandam – ein Ort wie aus dem Alten Testament

Fund, daß wir zwei Tage damit zubrachten, es zu untersuchen und zu filmen. Wir sägten den Kiel entzwei, wobei uns mehrere kleine Haie beobachteten. Einer versuchte sogar, einen Fisch von Bobs Harpune zu schnappen. Ich schoß auf ihn, verfehlte ihn aber, und er glitt zwischen meinen Beinen hindurch und verschwand in der blauen Tiefe unter mir.

Mit den vereinten Kräften der Winde der „Mir-El-Lah", einem Ballon und zwei mit Sauerstoff gefüllten Vierzig-Gallonen-Fässern hoben wir die beiden großen Balken, aber sie waren viel zu groß für unser Deck.

Wir segelten an den fünf Fingern vorbei, die die Buchten von Fordna, Qalta, Ran und Kumsar bilden, und kehrten zurück, um die Bucht von Kumsar und das an ihr liegende Dorf kennenzulernen. Begleitet wurden wir von einer Schar verspielter Tümmler, die unter unserem Bug wegtauchten und mit einem Gischtschauer hoch in die Luft sprangen. Vom Meer aus gesehen, wirkte Kumsar wie ein Ort aus dem Alten Testament. Auf dem Strand lagen einige schlanke, elegante Fischerboote. Hinter ihnen erblickten wir Lehmhütten, flankiert von Häusern, die aus dem Berg herausgeschnitten zu sein schienen. Wir warfen die Anker ein paar Meter vom Ufer entfernt aus und gingen an Land.

Sobald man uns vom Dorf aus erblickt hatte, rannten die Bewohner zum Ufer. Die Frauen verbargen sich hinter den Fischerbooten und spähten zu uns herüber. Die Männer standen stolz und hoch aufgerichtet da, während die Kinder sich an ihre *dishdash* klammerten. Das mußten Shihuh sein, Nachfahren der Menschen, die lange vor den Arabern die Arabische Halbinsel bewohnt hatten und sich für Abkömmlinge Hams hielten, einem der drei Söhne Noahs und legendärer Stammvater der Hamiten. Sie lebten derart isoliert, daß sie ihre Lebensweise durch die Jahrhunderte unverändert beibehalten konnten. Man weiß nur wenig über ihre Sprache und ihre Kultur, abgesehen von der Tatsache, daß sie „eine ungewöhnliche Vorliebe für Messer" haben sollen.

Man hatte uns in Dubai erzählt, die einzige Möglichkeit, sich der Freundlichkeit der Shihuh zu versichern, sei, ihnen Küchenmesser, Spielzeug und Medikamente zu schenken. Nachdem ich unsere Empfehlungsschreiben dem Ortsältesten gezeigt hatte, begannen wir die Kinder mit Plastikspielzeugen und Süßigkeiten zu beschenken und verteilten dann Aspirin, Lebertran, milde Abführmittel und Hustensaft aus unserem Medizinschrank an die Männer und Frauen. Ich fragte mich, was sie sonst taten, wenn sie einen Arzt brauchten. Später erfuhr ich, daß man von Muscat aus in regelmäßigen Abständen eine Hospital-Dhau herschickte, um diesem vergessenen Volk zu helfen.

Mehrere junge Shihuh boten an, uns in die Berge zu führen. Der Blick von der ersten der befestigten Terrassen war so beeindruckend, daß ich beschloß, einen Ausflug auf den Gipfel zu organisieren, eine Nacht oben zu verbringen und am nächsten Tag zurückzukehren. Wir bereiteten alles für die Expedition vor. Mit Decken, Essen und Wasser, Kameras, Ferngläsern und Filmen machten wir uns auf den Weg, bekleidet mit Tennisschuhen, Shorts, Hüten und Sonnenbrillen.

Unser Aufstieg begann in einer schmalen Schlucht mit bröckeligem Gestein. Uns folgte ein Schwarm lärmender Kinder. Nach der ersten Terrasse mußten wir eine Art Wendeltreppe hinaufsteigen, die aussah, als sei sie in den weichen Stein gehauen worden. Da sich unsere Führer ausnehmend für Mirella und ihr unaufhörliches Fotografieren interessierten, anstatt uns zu führen, war ich bald allen voraus. Es gab offensichtlich nur einen einzigen Weg, und ich fühlte mich kräftig, sah also keinen Grund, nicht weiterzuklettern, und wollte auf die anderen erst warten, wenn ich den Gipfel erreicht hatte.

In die Bergflanke waren mehrere Höhlen gehauen, deren Eingänge mit säuberlich aufgeschichteten Steinen versperrt waren. Ich fragte mich, ob es sich um alte Gräber handelte, und beschloß, eine von ihnen näher zu untersuchen. Drinnen war es pechschwarz, und es roch feucht. Ich zündete ein Streichholz an und konnte gerade noch, ehe es verlöschte, Schädel und Knochen erkennen. Da ich befürchtete, die Shihuh hätten etwas gegen dieses Eindringen, verließ ich die Höhle und stand nun in einem großen Steinbruch. Über mir erhob sich eine zweihundert Meter hohe Wand aus lockerem Gestein. Ich stolperte über den unebenen Boden und hörte plötzlich ein Rascheln über mir. Ein Stein hatte sich gelöst und polterte an mir vorbei. Als sich die Steine unter meinen Füßen zu bewegen begannen, schoß ich auf die steinerne Felsnadel rechts von mir zu und klammerte mich daran. Das Rascheln wuchs sich bald zu einem Dröhnen aus, und große Felsstücke donnerten vorbei, wurden immer schneller und ähnelten bald einem Fluß, der im Abgrund verschwand. Um Gottes willen, dachte ich, ich habe eine Lawine ausgelöst, die unten alle zerschmettern wird! Mirella und all die Kinder werden unter den Steinen begraben ...

Dann hörte ich Stimmen, nur Stimmen und keine Schmerzensschreie. Ich hörte, wie Mirella meinen Namen rief. Sie lebte! Sie alle lebten! Aber ich wagte mich nicht zu rühren, aus Angst, einen weiteren Steinschlag auszulösen. Ich klammerte mich an meinen Felsen, antwortete und wartete, bis ein Shihuh zu meiner Rettung auftauchte. Er führte mich wieder auf den Pfad zurück, von wo aus ich die anderen Führer erblickte, die mit Mirella in ihrem wehenden *kikoi* auf uns zukamen.

Mirella und ich umarmten einander.

„Mein Gott, ich dachte, du wärest tot!" sagten wir gleichzeitig.

Der Erdrutsch hatte Mirella nur um wenige Meter verfehlt. Am Grund der Schlucht tanzten die Kinder lachend um den kleinen Steinberg, aus dem immer noch Staub wie Rauch aufquoll.

„Das war also unser Ausflug und unsere Nacht auf dem Berg. Gehen wir lieber zurück aufs Meer", sagte ich auf dem Rückweg zum Strand, bei dem uns die Dorfbewohner vorangingen.

Die Fischer luden uns ein, am nächsten Morgen mit ihnen hinauszufahren, als wollten sie sich für unser knappes Entrinnen vor dem Tod entschuldigen. Wir verließen Kumsar im Morgengrauen und segelten die Küste entlang zu einer schmalen Bucht mit feinem weißem Sandstrand. Aus zweien der langen Boote warfen wir ein großes Netz im Halbkreis aus. Es war an beiden Enden mit Steinen und Schwimmern beschwert und an den vier Ecken mit Hanfseilen versehen. In seiner ganzen Länge erstreckte es sich über die gesamte kleine Bucht. Die Seile wurden an den Strand geworfen, wo fünfzehn Männer sie entgegennahmen. Zwei andere stiegen auf die Klippen beiderseits der Bucht und bezogen Spähposten.

Ich hatte diese Fischmethode bereits auf Sardinien gesehen und kannte die Technik gut, weil ich sie einmal aus der Unterwasserperspektive erlebt hatte. Dabei hatte ich mich zusammen mit den Fischen an Land hieven lassen.

Es folgte das lange Warten unter der brennenden Sonne. Wir blickten auf das Meer, und ein Adlerpaar, das langsam auf den Fallwinden der umgebenden Berge segelte, hielt mit uns Wache.

Plötzlich ertönte von einem der Männer auf den Klippen ein lauter Schrei, der vom Echo wiedergegeben wurde. Alle anderen rissen die Arme hoch. Sie sprangen auf die Füße und begannen,

Verschleierte Frauen in Kumsar

das Netz einzuziehen. Dabei lehnten sie sich so weit zurück, daß ihre Köpfe fast den Boden berührten. Sie traten immer enger zusammen und standen bald Schulter an Schulter. Mit aller Kraft zerrten sie, bis das Netz sich schloß. In seinem gewölbten Bauch zappelten silbrig aufblitzende Fische: Hunderte von Königsdorschen. Ich hatte noch nie so viele gesehen.

Die Männer standen nun knietief im Wasser und schütteten die Fische in ihre langen Boote. Das Netz wurde an diesem Nachmittag viermal ausgeworfen. Als die Arbeit geschafft war, versammelten sich die Männer am Strand, wandten sich nach Mekka, knieten nieder und verrichteten das Abendgebet. Nachdem sie es beendet hatten, bemerkte ich, daß einem der älteren Männer geholfen wurde, zu mir zu kommen. Er war blind, hatte aber meinen Außenbordmotor gehört und bat mich, ihn nach Kumsar mit zurückzunehmen, denn er liebte das Gefühl von Geschwindigkeit.

Unterwegs klatschte er in die Hände wie ein aufgeregtes Kind. „Alhamdu l'illah", rief er und grinste entzückt. Ich setzte ihn vor seiner Lehmhütte ab. Er küßte mir die Hände und hob die Arme gen Himmel, um eine lange Konversation mit Gott zu führen.

An diesem Abend, als wir auf Deck der „Mir-El-Lah" saßen, zogen unbekannte Sindbads in ihrer Dhau vorbei und sangen ein wunderschönes Lied, das sich an den hohen Steinwänden ringsum brach und leise widerhallte. Die Melodie klang maurisch und erinnerte ein wenig an Spanien und Sizilien, weitaus melodischer als das traditionelle Klagen, das wir sonst überall auf dem Golf vernommen hatten. Es war ein Lied ohne Grenzen, das Lied der Dhaus.

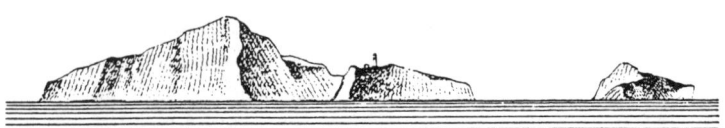

Auf dem Indischen Ozean

Eine Schar Tümmler geleitete uns in den Indischen Ozean, und während wir beobachteten, wie die Jungen unter ihnen übermütig im klaren Wasser herumtollten, erhaschte ich einen flüchtigen Blick auf einen Speerfisch, der direkt unter unserem Bug hinwegtauchte. Eine perfektere Begrüßung konnten wir uns wohl kaum wünschen!

Wir hatten endlich den Golf hinter uns gelassen und waren via Fakk al-Asad und Ras al-Bab in den Ozean gelangt. Die Straße von Fakk al-Asad ist sehr schmal und das Navigieren wegen der starken Strömung und unberechenbarer Winde von den Bergen hier sehr schwierig. Wie gewöhnlich quoll der „Gulf Pilot" nur so über von dubiosen Warnungen, dieses Mal vor einer Vielzahl größtenteils unsichtbarer Untiefen. Er empfahl selbst Schiffen mit geringem Tiefgang, sich so weit wie möglich in der Mitte zu halten.

Nach einem herrlichen Segeltörn warfen wir für die Nacht in der Shabus-Bucht Anker, einem weiteren Fjord von überwältigender Schönheit. Vom Boot aus konnten wir ein Dorf sehen, das fast so groß wie Kumsar war. Im „Gulf Pilot" stand, daß es Balad Shabus heiße, nicht mehr und nicht weniger.

Wir ließen den Anker an diesem Abend mehrere Male hinab, aber er hielt so schlecht, daß wir noch fast zwei Kilometer weitersegeln mußten, um einen guten Liegeplatz zu finden. Ich wollte nicht so weit vom Dorf ankern, aber meine Freunde und die Mannschaft waren müde und wollten nicht die ganze Nacht hin und her treiben.

Etwa gegen fünf Uhr morgens weckte mich Madeka und sagte mir, eine andere Dhau habe in unserer Nähe festgemacht, zu nahe für seinen Geschmack. *„Hatari"*, meinte er – Gefahr.
Ich ging mit meiner 22er Pistole und meinem Doppellaufgewehr bewaffnet an Deck, weil mir die Warnung des Wali von Khasab wieder eingefallen war, niemals fremden Dhaus zu erlauben, sich uns zu sehr zu nähern. Mit meiner „Artillerie" versehen, legte ich mich am Bug hin und döste bis zum Tagesanbruch. Als die Sonne aufging, wirkten die Männer an Deck der anderen Dhau ziemlich harmlos, und ihr Interesse galt offensichtlich ungeteilt den Frauen, die zum Frühstück erschienen.

Ich wollte freundlich sein, winkte ihnen zu und lud sie an Bord ein. Sofort lichteten sie den Anker und warfen beim Näherkommen einen Haken herüber, damit wir sie heranziehen konnten. Rasch schwärmten etwa fünfundzwanzig zerlumpt aus-

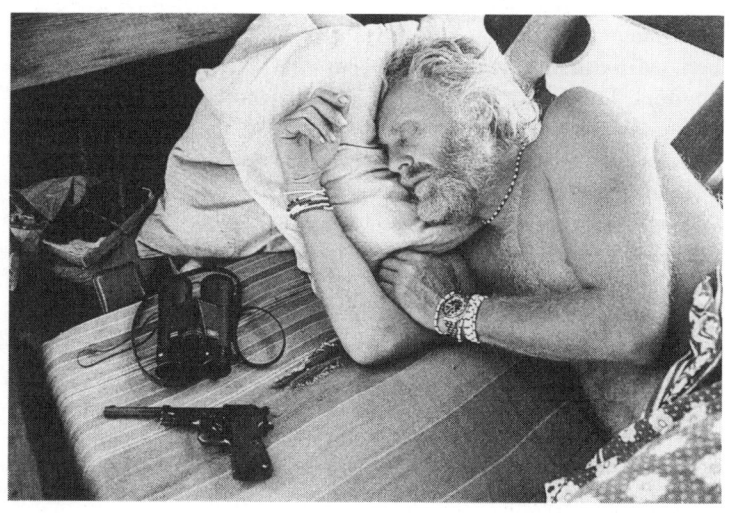

Manchmal schlief ich ruhiger, wenn ich meine „Artillerie" neben mir hatte

sehende Männer über unser Deck und berührten alles, was nicht niet- und nagelfest war. Als einer besonderes Interesse an Mirellas T-Shirt zeigte und daran herumfummelte, fand ich, daß es jetzt Zeit zum Gehen sei. Ich schwenkte meine Waffen und schrie ihnen zu, sie sollten meine Dhau verlassen. Leider verstanden sie mich nicht, daher befahl ich Madeka, den Motor anzulassen, und drückte dann beide Läufe des Gewehrs über ihren Köpfen ab. Bob bearbeitete sie inzwischen mit allen arabischen Worten seines begrenzten Vokabulars. Die „Piraten" zuckten mit den Achseln und zogen rasch wieder ab. Bestimmt hielten sie uns für völlig verrückt, denn sie setzten rasch ihr Segel und machten, daß sie davonkamen.

Mirella war enttäuscht, als Bob sich gegen den Vorschlag aussprach, das Dorf zu besuchen. Er meinte, wir seien zu weit entfernt von jeglicher Zivilisation und wären den Bewohnern völlig ausgeliefert, sollten sie sich als unfreundlich erweisen.

Später an diesem Tag, auf dem Weg nach Ras Lima, überholte uns eine Dhau mit der Flagge des Sultans von Oman. Sie war mit Radar ausgestattet und wurde von zwei Motoren angetrieben. Mitschiffs war ein fest montiertes Vickers-Gewehr zu erkennen. Die Schützen trugen blaue Overalls, die Mannschaft weiße *dish-dash* und rotkarierte Omaner-Turbane. Das Schiff fuhr mit etwa zwölf Knoten Geschwindigkeit, und wir grüßten uns, als es an uns vorbeifuhr.

Wir wußten über Ras Lima aus dem „Gulf Pilot" nur, daß es ein Fischerdorf dreieinhalb Kabellängen (eine Kabellänge entspricht etwa 185 m) von der Insel Lima entfernt und wie die Insel sehr gebirgig sei. Als die „HMS Cyclamen" und die „HMS Fowey" es 1922 beziehungsweise 1934 besuchten, waren die Bewohner freundlich.

Diese etwas lächerliche Beschreibung entsprach ganz und gar nicht dem, was uns wirklich erwartete: goldene Strände, rote Berge, Korallenriffe, unberührte Austernbänke und springende Thunfischschwärme.

Am folgenden Morgen hatte ich eines meiner schönsten Taucherlebnisse, ebenso beeindruckend wie das am Wrack der

„Dara" und doch wieder ganz anders. Hier gab es keine traurigen Überreste eines gesunkenen Schiffes, keine Gedanken an Skelette und Geister. Ich schwamm mit Massen bunter Fische in einem blühenden Felsengarten. An der Nordseite des Inselchens entdeckte ich Korallenriffe und Austern mit sehr großen, runden Schalen.

Ich holte über zweihundert davon nach oben, und Madeka und Kimuyu brachten den ganzen Nachmittag damit zu, sie aufzustemmen und nach Perlen zu suchen, aber wir fanden keine einzige. Doch wir vergaßen unsere Enttäuschung rasch, als wir uns unter dem Vollmond auf Deck niederließen und ein Dutzend Langusten verspeisten, die Bob gefangen hatte.

Am Tag darauf entdeckten meine Tochter Marina und ich einen Strand, der mit Tausenden von Sardinen übersät war, die die Fischer zum Trocknen dort ausgebreitet hatten. Scharen von Möwen schossen auf und nieder und stopften sich damit voll. Ihre Schreie, wenn sie mit neu ankommenden Schwärmen ihre Kämpfe ausfochten, hallten von den Bergen wider.

Vom Strand aus stiegen wir einen sehr steilen Sandberg hinauf und blickten von dort auf die „Mir-El-Lah" hinab, die unter uns an ihrem Anker schaukelte. Mit einem Schrei ungezügelter Freude schleuderte sich Marina in den Sand, und ich machte es ihr nach. Wir rutschten zusammen auf dem Hinterteil den Hang hinunter und wurden immer schneller. Die Doppelspur auf der Düne wirkte wie von einem prähistorischen Monster.

Der Augenblick, in dem sich unsere Gruppen auflösen und ich allein mit Madeka und Kimuyu zurückbleiben würde, kam näher. Roberto war ins Dorf Lima gegangen, um den Transport der anderen nach der Landung in Khor Fakkan zu arrangieren. Ihr Flugzeug von Dubai ging zwei Tage später.

Es war traurig, die Koffer an Deck stehen zu sehen, und ich wurde noch trauriger, als ich ihnen mit dem Fernglas nachsah, als sie im Landrover aus Khor Fakkan fortfuhren. Doch dann bemerkte ich einen Mann am Strand und sah bald zu meinem ungeheuren Erstaunen, daß es mein alter Freund „San" Lorenzo

Berni aus London war. Er winkte und schrie etwas, das ich nicht verstand. Was in aller Welt machte er in Khor Fakkan?

Doch plötzlich fiel mir unsere Unterhaltung an meinem letzten Abend in London wieder ein, als wir zusammen in seinem Restaurant gegessen hatten und ich mehr als meinen Anteil an den beiden Flaschen Vernaccia intus hatte. Wir hatten über Dhaus geredet, und ich hatte ihn auf die „Mir-El-Lah" eingeladen. Später in dieser Nacht hatte ich eine Karte der Musandam-Halbinsel auf eine Papierserviette gezeichnet und den Namen Khor Fakkan daraufgeschrieben. „Treffpunkt 7. Januar", hatte ich gesagt, aber niemals geglaubt, daß er oder ich sich an die Verabredung halten würde. Heute war der 7. Januar. Lorenzo war da und ich ebenfalls. Das muß in den Sternen gestanden haben.

Am nächsten Morgen liefen wir früh nach Muscat aus. Lorenzo freute sich wie ich auf die berühmte Stadt, die, seit Don Duarte de Menenez, Vizekönig und Gouverneur von Indien, sie 1558 verließ, verboten und unzugänglich gewesen war.

Wie gewöhnlich gab sich der „Pilot" rätselhaft. „Die Küste ist felsig und gebirgig; Türme und Burgen krönen einige herausragende Gipfel. Die Stadt liegt an der Mündung des Khawr Muscat, was man aber unter den dunklen Bergen nicht gut erkennen kann."

Ich nahm Kurs auf die Inseln von Saba, und nachdem ich Kimuyu das Steuer übergeben hatte, legte ich mich neben ihm auf einer Matratze nieder, wie immer, wenn einer der beiden steuerte. Madeka weckte mich irgendwann grob mit einem Tritt in den Rücken und schrie: „*Hatari! Hatari sana!* – Gefahr! Große Gefahr!"

Ich sprang hoch und spähte in die Nacht. Plötzlich erblickte ich einen riesigen schwarzen Felsen in weniger als dreißig Metern Entfernung. Es war der Jazirath Kharabah, ein deutlich auf der Karte gekennzeichneter Felsen, den ich erst im Morgengrauen zu erreichen gedacht hatte. Eine günstige Strömung hatte die „Mir-El-Lah" im Lauf der Nacht viel rascher vorwärtsgetragen, so daß wir den gefährlichen Felsen Stunden früher erreicht hatten.

Ich schnappte mir das Rad und lenkte hart nach Steuerbord. Dann übergab ich es wieder Madeka und rannte nach vorn, um sicherzugehen, daß wir den Felsen nicht rammten, der so gefährlich nahe aufragte. Dabei riß ich mir den Fuß an der Filterpumpe auf, die irgendein Idiot – vermutlich ich selber – auf Deck liegengelassen hatte. Gegen Morgen war mein Fuß entzündet und um das Doppelte angeschwollen. Er wies alle Symptome einer Blutvergiftung auf. Glücklicherweise hatte Lorenzo einen beeindruckenden Vorrat an Antibiotika bei sich und gab mir zum Frühstück eine große Dosis Penizillin.

Wir passierten die Insel Fahl, das omanische Ölterminal, und fuhren weiter, bis in den Hafen von Matrah, dem brandneuen Überseehafen von Muscat. Als erstes sahen wir dort eine Flotte leuchtend gelber Bulldozer, die die letzten Überreste des sagenumworbenen Muscats plattwalzten, jene Stadt, die den Arabern als Ort der Dichter und Liebenden bekannt war. Wir waren zu spät gekommen!

Bis zum Juni 1970 wurden die Tore der alten Stadt Muscat jeden Abend drei Stunden nach Sonnenuntergang geschlossen, nachdem vorher eine Kanone dreimal zur Mahnung abgefeuert worden war. Danach durfte sich niemand mehr ohne Laterne auf der Straße bewegen, und Zuwiderhandelnde wurden die Nacht über festgenommen.

Man gab uns nach dem Anlegen eine offizielle Informationsschrift, in der offen erklärt wurde, ein Großteil des alten Muscat sei dem Erdboden gleichgemacht worden, um Platz für die wichtigen Gebäude eines progressiven Zeitalters zu schaffen. Das großartigste würde der neue Palast Seiner Majestät des Sultans werden. Er stand kurz vor der Vollendung und wirkte auf mich fast wie eine Kopie des Casinos von Monte Carlo.

Ironischerweise las ich im „Pilot": „Gipfel um Gipfel erstrekken sich die zerklüfteten Berge in die Ferne. In eine kleine Bucht geschmiegt, wo die Berge bis ans Ufer reichen, liegt die befestigte Stadt Muscat."

Diese befestigte Stadt war nun ein Haufen Schutt, und während ich auf diese Ödnis blickte, versuchte ich mir das Muscat vorzustellen, wie es vor Jahrhunderten ausgesehen hatte, als Marco Polo darüber schrieb, der Hafen läge voller Dhaus, und die Wasserwege nach Osten seien gefährlich dicht befahren. Immerhin lagen noch zahlreiche Dhaus im Hafen. In einiger Entfernung von unserem Lageplatz sahen wir die größte und schönste Dhau, die ich jemals erblickt hatte. Ich ruderte mit dem Dingi hinüber.

Es war eine *bhagla* aus Sur mit zwei hochaufragenden Masten. Das hohe Heck war prachtvoll verziert und mit Schnitzereien versehen, genau wie die vier Fenster der Achterkabine. Als ich auf das riesige Deck stieg, fühlte ich mich wie an Bord eines Geisterschiffes: Keine Seele war zu sehen, kein Lebenszeichen unter Deck, keine Fracht, kein Motor, kein Zeichen einer Mannschaft, nichts. Ich schaute mir dieses Juwel der Meere, das mindestens hundert Jahre alt sein mußte, über eine Stunde lang an. Die Takelage war perfekt, die Segel ordentlich aufgerollt, und überall sah ich feinste Schnitzarbeiten. Ich schnitt mit dem Messer einen Span vom Schanzkleid und fand zu meinem Erstaunen, daß das Holz unter der Patina wie neu wirkte. Erst ein Besuch beim Hafenmeister löste das Rätsel dieses Phantomschiffes. Der Hafenmeister, ein Engländer, erzählte mir, es sei für nur fünfzehntausend Mark vom Sultan Qabus gekauft worden, der plane, einen passenden Ankerplatz für sie zu finden, wo sie wie Nelsons „Victory" von der Nachwelt besichtigt werden konnte.

Später an diesem Tag erforschten Lorenzo und ich den Basar von Muscat. Aber alle Hoffnungen, Teppiche, Silberwaren und Gewürze aus dem Fernen Osten zu finden, zerstreuten sich rasch. An jedem Stand sahen wir Plastikspielzeug aus Japan, schäbige Anzüge aus Taiwan, billige Baumwollgewänder aus Indien und Pakistan und falschen Schmuck aus Hongkong.

Desillusioniert wandten wir den bärtigen, schlitzohrigen Händlern den Rücken zu und schoben uns durch die dichtbevölkerten Straßen. Wir suchten den Scheich, dem wir vom Wali von Musandam Grüße zu überbringen hatten. Wir fanden ihn in seiner Amtsstube. Er war ein charmanter und vornehmer Sansibarer. Scheich Omer Ameir war Leiter der Informationsstelle und des Rundfunks. Er berichtete uns, wie er von seiner Heimatinsel im Indischen Ozean fliehen mußte, als die „Ureinwohner" die Macht übernahmen. Da habe er sich in Oman niedergelassen.

Der Scheich erzählte uns die Geschichte seines Landes. Es begann mit der Ankunft der Portugiesen im fünfzehnten Jahrhundert. Ihr Vorwand war, wie auch der der Briten, Holländer und Franzosen, die später kamen, einen neuen Handelsweg nach Indien zu suchen, doch in Wirklichkeit waren sie mehr an einer Eroberung interessiert. 1507, als Alfonso de Albuquerque vor Ras al-Hadd ankam, setzte er als erstes die Fischer-Dhaus in Brand, die aus Hormus und Bandar Abbas in Persien hierher gekommen waren.

Derartiges Verhalten führte zu einer Reihe von Scharmützeln, die in der Erklärung eines Heiligen Krieges gegen die Eindringlinge gipfelte. Die Sultane von Oman verfolgten ihre Feinde bis an die Ostküste Afrikas und die Westküste Indiens und kaperten so viele Schiffe – darunter auch welche der ehrenwerten Ostindischen Gesellschaft –, daß ihre Flotte bald zur mächtigsten im Indischen Ozean wurde.

Erst zu Beginn des neunzehnten Jahrhunderts wurde Frieden geschlossen, und die Briten beeilten sich, ihre Position in Oman auszubauen. Weil er sich mit ihnen gut stellte, konnte Sultan Sayyid Said viel herumreisen, und es gelang ihm sogar, sein Sultanat durch die Eroberung Dhofars zu vergrößern. „König der Dhaus" nannte ihn unser Freund, der Scheich, denn er habe einen Großteil seines Lebens damit verbracht, in seiner Dhau von einem afrikanischen Besitztum zum nächsten zu segeln, bis er sich im Alter auf Sansibar niederließ. Die Briten erklärten sich bereit, in Oman für Ruhe zu sorgen, wenn der Sultan den höchst gewinnträchtigen Sklavenhandel zwischen seinen afrikanischen Territorien und Arabien abschaffte. Sayyid Said stimmte zu und ruinierte damit die omanische Wirtschaft. Als er 1856 starb, war seine einst prächtige Dhau-Flotte bis auf ein paar Schiffe zusammengeschrumpft.

Das alles und noch mehr erzählte uns Scheich Omer an diesem Morgen in seinem Büro, während wir zahlreiche kleine Täßchen starken, bitteren Kaffee tranken. Dann lud er uns ein, das Landesinnere von Oman zu besuchen. „In den Dörfern herrscht immer noch das gleiche Leben, unberührt von den modernen Zeiten", sagte er, als könne er unsere Gedanken über den Abbruch seiner alten Hauptstadt lesen.

„Wenn ihr unsere Küste verlaßt, segelt auf direktem Weg nach Afrika", warnte er uns, als wir uns verabschiedeten. „Bleibt draußen auf See. Vor allem aber nähert euch nicht dem Südjemen."

Die Arabische Küste

Es war nun fast Ende Januar, und ich befürchtete, gegen den Monsun ankämpfen zu müssen, ehe wir Lamu erreichten. Ich schlug Kurs auf Sur ein, Heimat der berühmtesten Dhau-Baumeister. Unterwegs blätterte ich immer wieder in dem arg zerfledderten „Gulf Pilot". Sur, so wurde mir dort versichert, sei „schwer zu finden", auch wenn es nur eine halbe Tagesreise von Muscat entfernt war.

Unterwegs fingen wir einen Thunfisch, und San Lorenzo brachte Kimuyu bei, wie man ihn in dünne, fast durchsichtige Scheiben schneidet, mit Zitronensaft und Olivenöl beträufelt und zwei Stunden in der Sonne schmoren läßt.

Dem „Pilot" zufolge bestand Sur aus einer Gruppe von Häusern an der Mündung des Wadi Falaji. Eine Meile vor der flachen, sandigen Küste begegneten wir einer Dhau, und ich fragte die Mannschaft nach dem Weg. Sie deuteten auf das Land, doch als ich die Küste betrachtete, sah ich weder einen Fluß noch irgendein anderes Merkmal, das mir bei der Suche behilflich sein konnte.

Schließlich dämmerte mir, daß die Dhau auf die Flut wartete, und so war es auch. Als Kimuyu unseren Nachmittagstee bereitet hatte, erwachte die schlafende Besatzung der anderen Dhau zum Leben und begann die Anker zu lichten. Wir machten es ihnen nach und folgten ihnen ein paar Kilometer die Küste entlang zu einer kleinen Mündung, wo wir von einer starken Strömung landeinwärts bis zu einem einzelstehenden Haus getragen wur-

Kimuyu bereitet das Abendessen vor

den. Wie unsere Führer-Dhau warfen wir Anker im Fluß, um uns in der Strömung zu halten, einen vorn, den anderen achtern.

Wir gingen an Land und fragten nach Sur. Die Männer, die um das Haus herum hockten, deuteten auf eine Sumpfebene, die, abgesehen von ein paar Kamelen und einem Esel, verlassen war. In der Ferne sah ich ein weiteres einzelnes Haus. Ich konnte einfach nicht glauben, daß sich dort die großartigen Dhau-Baumeister aus Sur verbargen. Trotzdem schleppte ich mich mühsam hinüber, fand aber nur weitere Sümpfe, Kamele und Esel.

Ich sprach jeden an, dem ich begegnete, und zeigte ihnen Fotos von Dhaus, *sambuks, booms, baghlas, abubuzis*. Sogar Villiers „Die Söhne Sindbads" zog ich hervor. Man grüßte mich mit Kopfnicken, Sätzen in Arabisch, Lächeln, bot mir Datteln und Kamelmilch an, aber niemand konnte mir irgend etwas über den Bau von Dhaus in dieser Gegend sagen.

Traurig beschloß ich, am nächsten Tag im Morgengrauen weiterzusegeln. Aber es sollte anders kommen. Die Strömung des schlammigen Flusses hatte einen unserer Anker mit dem der anderen Dhau verheddert. Erst mehrere Stunden später gelang es uns, sie voneinander zu lösen und hinaus in den Indischen Ozean zu steuern, wo eine frische Brise unsere Laune verbesserte.

Beim Studieren der Karte wurde mir klar, daß zwischen uns und dem Südpol nur noch Wasser lag. Wäre ich auf diesem Kurs geblieben, hätte ich, ohne jemals Land zu erblicken, bis in die Antarktis segeln können. Doch das war nicht meine Absicht – und so drehte ich lieber in Richtung Ras el-Hadd bei.

Das war ein kleines Dorf in der Nähe eines Forts – wunderschön, aber verlassen. Nachdem ich die letzte Seite meines guten alten „Gulf Pilot" gelesen hatte, in dem ein paar furchteinflößende Strömungen beschrieben wurden, beschlossen San Lorenzo und ich, zur Insel Masirah zu segeln. Ich klappte den „Gulf Pilot" mit dem Gefühl zu, einen guten Freund zu begraben, und legte ihn in eine Schublade. Dann öffnete ich meinen neuen Begleiter „The Red Sea and Gulf of Aden Pilot", der das Rote Meer, den Golf von Aden, den Suez-Kanal, den Golf von Suez und Aqaba, die Südostküste Arabiens von Ras Baghwasha bis Ras el-Hadd, die Küste Afrikas von Ras Asir bis Ras Hafun, Socotra und die Nachbarinseln umfaßte.

Die erste Beschreibung in diesem Buch befaßte sich mit dem Masirah-Kanal, in den wir bald einfahren würden. Die vielen Warnungen über Engen und Felsen und der Vorschlag, nur kleine Schiffe, denen die Gewässer vertraut waren, sollten diese Durchfahrt wagen, wirkten kaum beruhigend. Darauf folgte eine Auflistung von Wracks: Die „SS Electra", deren zwei Masten und Schornstein 1962 noch sichtbar waren, die „SS World Jury" als Radarpeilpunkt wohlbekannt, und die „Baron Inverdale", deren Mannschaft 1904 von den Leuten auf Masirah ermordet wurde.

Der erste Satz des Abschnittes über Masirah selbst klang auch nicht gerade tröstlich. Die Insel wurde als „öde und unfruchtbar und voller Eidechsen, Schlangen und Skorpione" beschrieben, die Strände seien nur bei Schildkröten beliebt, die zu Tausenden zur Eiablage dort hinkämen. Selbst das Meer, so hieß es, wimmele von Haien und Barrakudas.

Die so wenig einladende Darstellung wurde auch nicht durch den dichten Dunst verbessert, der sich immer mehr zum Nebel verdichtete, so daß ich vom Steuer der „Mir-El-Lah" kaum bis zum Bug sehen konnte, ganz zu schweigen von den Felsen, Riffen und Wracks. Anstatt nach einem idyllischen Ankerplatz zu suchen, entschieden wir uns für den britischen Fliegerstützpunkt am Nordende der Insel.

Mit stark gedrosseltem Motor tasteten wir uns einen Weg durch den tief hängenden Nebel. Über uns hörten wir das Dröhnen eines Flugzeugs. Doch dann hob sich der Nebel ebenso rasch, wie er sich gesenkt hatte, und wir sahen kaum hundert Meter vor uns einen kahlen Hügel, einen Metallzaun und einen Strand.

Als wir gerade die Anker werfen wollten, jagten an die zwanzig Kampfflugzeuge aus den Wolken zu uns herab, verfehlten um Haaresbreite unseren Mast und sausten knapp über den Zaun, ehe sie wieder vertikal in die Wolken hinaufstiegen.

Wir hatten im Nebel etwas gesichtet, das wir für ein Wrack hielten, doch als jetzt zögernd die Sonne durchbrach und eine leichte Brise den letzten Nebel verwehte, erkannten wir, daß es sich um ein Versorgungsschiff der britischen Marine handelte. Wir ruderten im Dingi hinüber und wurden von der Besatzung informiert, Masirah läge nur drei Kilometer weiter. Wir landeten auf dem Strand und fanden ein einsames Wachhäuschen. Davor stand ein junger Schotte mit rosigen Wangen, der überlange Shorts, ein Buschhemd und ein Barett trug. Er begrüßte uns mit dem traditionellen „Wer da?", überprüfte unsere Papiere, entschuldigte sich höflich, uns aufhalten zu müssen, und rief den Stützpunkt an.

Nach dem Erlebnis auf Kharg waren wir sehr erleichtert über diese Behandlung und staunten, als auf den Anruf des Wachhabenden ein Jeep mit drei Militärpolizisten in Begleitung eines Zivilisten ankam. Sie schlugen höflich vor, über Nacht Anker vor dem Dorf zu werfen, in dem der Gouverneur von Masirah, der

Wali, wohnte. Sie deuteten auf die Kaserne, die Läden und die Post und meinten, alles stünde uns zur Verfügung.

Am folgenden Tag besuchten wir, umgeben von Leibwächtern, den Wali in seinem kleinen modernen Haus. Es erinnerte mich an das Haus eines spanischen Bauern in der Nähe von Toledo, in dem ich einmal übernachtet hatte. Es war schlicht ausgestattet, bescheiden wie sein Bewohner: weiße Wände, einfache Möbel, Schalen mit Obst und Reis auf dem Tisch und ein Krug Milch. Der Wali war ein freundlicher und friedlicher Mensch, der allein hier lebte. Er stellte uns seine Gäste vor, zwei junge Beduinen, die in England zur Schule gingen, und ein großer Neuseeländer, der auf der Suche nach Brunnen die Wüsten durchstreifte.

Dieser sah mit seinen Gewändern ein wenig wie Lawrence von Arabien aus. Als ich ihn fragte, was ihn an der Wüste so fasziniere, antwortete er genauso, wie Lawrence es getan hätte: „Sie ist unverdorben."

Der Wali, begleitet von seinen Leibwächtern, nahm uns auf einer Besichtigungstour in seinem Landrover mit. Wir hielten beim Denkmal für die siebenundvierzig Opfer der „Baron Inverdale" an: ein schlichtes Eisenkreuz über einem Steinhügel mit der sonderbaren Inschrift: „Den Überlebenden, die nicht überlebten."

Der Wali zeigte großes Interesse an unserer „Mir-El-Lah", deshalb lud ich ihn und seine Begleiter an Bord ein. Kimuyu breitete Teppiche aus, brachte Kissen aufs Deck und servierte den Tee auf einem Silbertablett. Der oberste Herrscher von Masirah lehnte sich zurück, genoß die schöne Aussicht, und wir diskutierten über das Land, die Wüste, das Meer, die Schildkröten und die Welt im allgemeinen. Die Sonne ging unter. Niemand rührte sich. Die magische Stunde, in der der Himmel sich verdunkelte und die erste Abendbrise die Luft kühlt, kam und ging. Erst als es fast dunkel war, brachten wir unsere Gäste wieder an Land. Beim Abschied beging ich den Fehler, den prächtigen *khanjar* eines der Leibwächter zu bewundern. Der zog ihn unverzüglich aus seinem Gürtel und überreichte ihn mir. Ich war verlegen und zögerte, bis ich ihn schließlich aus Sorge, ihn zu verletzen, annahm. Der Dolch gehört nun zu meinen liebsten Besitztümern.

San Lorenzo und ich wurden im Dunkeln von Kimuyus Lachen zurückgeleitet. An Bord fanden wir ihn in der Kombüse, sich immer noch vor Lachen ausschüttend. Er hatte einen vierpfündigen Saugfisch gefangen. Der Rücken dieses Tieres sah mit seinem symmetrischen Zickzackmuster aus wie die Gummisohle eines Tennisschuhs. Seine Saugnäpfe waren so kräftig, daß wir zu dritt an ihm zerren mußten, um ihn vom Ofen loszubekommen, auf den Kimuyu ihn gelegt hatte.

Mit einigem Bangen begannen wir den nächsten Abschnitt unserer Reise in Richtung Salalah, etwa sechshundert Kilometer entfernt, denn sowohl der Wali als auch die Militärs hatten mir geraten, draußen auf See zu bleiben. Sie sagten, das Land sei wild und von unfreundlichen, schießwütigen Nomaden bewohnt, deren Ehrenkodex Fremden gegenüber man unter das Motto stellen konnte: „Wer zuerst schießt, lacht am letzten."

„Wir wollen keine weiteren Denkmäler für tote Seeleute", bemerkte der Stützpunktkommandeur sarkastisch, als ich mich bei ihm für seine Freundlichkeit bedankte.

Wir segelten durch bis zu den Kuria-Muria-Inseln. Diese Inseln wirkten auf mich wie Bäume auf Vögel: ein verlockender Landeplatz. Doch wir mußten uns mit Vorsicht nähern, denn sie gehörten zwar zur britischen Krone, doch galt nur Hallania als „zivilisiert". Die anderen Inseln, Suda, Garzanth und Hazikia, hatten – nach der letzten Zählung – zusammen nur eine Bevölkerung von fünfundfünfzig Personen, die aber alle als „unfreundlich" galten. Die einzigen anderen Lebewesen auf den Inseln waren Blautölpel.

Achteraus lag Rub al-Khali, das „Leere Viertel" der Arabischen Halbinsel, Tausende und Abertausende von Wanderdünen. Wir wußten, daß es da war, auch wenn wir es nicht sehen konnten: Die Erhabenheit der unendlichen Wüste war selbst auf See spürbar. Noch nie zuvor hatte ich mich so einsam und von allem abgeschieden gefühlt. Als ich die viergipfligen Felsen von

Qibliya erspähte, das erste der vier Inselchen, bemerkten wir kein Anzeichen von Leben. Ich drückte meine Pistole zweimal in die Luft ab. Der Himmel bevölkerte sich mit silbrigen, flaumigen Schwärmen von Tölpeln, das war alles.

Wir umfuhren die Inseln, deren Felsenformationen sich wie moderne Skulpturen aus dem Meer erhoben, aber wir wagten nicht an Land zu gehen.

Von den Kuria-Muria-Inseln aus segelten wir auf das Festland zu, nach Ras Marabat am Fuß der bis zu dreizehnhundert Meter hohen Jabal-Samban-Gebirgskette. Diese Berge ragten in ziemlicher Entfernung im Landesinnern auf; zwischen ihnen und dem Meer lag eine unsichtbare Küstenebene. Ich merkte nicht, wie gefährlich nahe ich am Ufer entlangsegelte, doch in jener silbrigen Nacht stand einfach nicht in den Sternen, daß uns etwas passieren würde.

Ich war eingenickt, als Kimuyu mich in fast panischem Zustand wachrüttelte. Die „Mir-El-Lah" war von spitzen Felsen umgeben, die drohend vor dem Nachthimmel aufragten. Ich sprang durch die Luke zum Maschinenraum und warf den Motor in den Rückwärtsgang. Als ich wieder an Deck kam, stand San Lorenzo am Steuer, und die „Mir-El-Lah" schaukelte sanft auf den Wellen. Nur Sekunden später wären wir gegen die Felsen geprallt. Ich verfluchte mich für meine Achtlosigkeit und starrte auf die Felsen, die uns in einem Halbkreis umstanden. Madeka rief ich zu, den Motor gedrosselt und im Rückwärtsgang zu halten, und langsam, schrecklich langsam, steuerten wir rückwärts aus der Falle, bis San Lorenzo das Steuer wieder auf Richtung offenes Meer herumschwingen konnte.

„*Mungo iko!*" lachte ich mit Madeka und Kimuyu. „Gott ist immer da."

Dann trieben wir langsam weiter bis zum Tagesanbruch. Am Morgen schlug ich im „Pilot" den Abschnitt über die Küste zwischen Ras Marabat und Ras Qiunquari nach. Erst da wurde mir völlig klar, wie dicht wir vor einer Katastrophe gestanden hatten, denn es wurde gewarnt, diese Küste sei sehr gefährlich und wimmele von einzeln stehenden Felsen, die nur von ein paar „Höhlenmenschen" bewohnt seien. Das war wohl der ungeeignetste Ort auf der Welt, um Schiffbruch zu erleiden.

Am Morgen fuhren wir auf Salalah zu, der Hauptstadt von Dhofar, wo dem Bericht unseres Freundes, des Scheichs, zufolge Krieg zwischen den Bergstämmen und dem Sultan von Oman herrschte. Dhofar grenzte an die Volksrepublik Südjemen. Die Rebellen waren Kommunisten unter dem Banner der PFLOAG, der *Popular Front for the Liberation of the Occupied Arabian Gulf* (Volksfront für die Befreiung des besetzten Arabischen Golfes). Sie wurden ursprünglich von den Chinesen unterstützt, erhielten aber inzwischen ihre Waffen aus der Sowjetunion. In diese komplizierte Situation war nicht nur die Volksrepublik Jemen verwickelt, sondern auch die Briten, die dem Sultan und dem Schah von Persien halfen, der wiederum ein iranisches Expeditionskorps nach Oman geschickt hatte.

Als wir uns der Oase von Salalah näherten, bemerkten wir keine Anzeichen für einen Bürgerkrieg oder eine Revolution. Im „Pilot" war erwähnt, daß die Pflanzungen von Salalah der Küste, vom Meer aus gesehen, ein frisches, grünes Aussehen verleihen, aber auf die ausgedehnten Luzerne-Felder, die Riesenpalmen, die Kokosnuß- und Bananenhaine, über denen sich ein Fort, ein großer Palast und eine Reihe schöner, alter blumenumgebener Häuser erhoben, waren wir nicht vorbereitet.

Ich hatte geplant, direkt in Salalah vor Anker zu gehen, merkte aber rasch, daß es keinen Hafen gab, nur einen langen Strand mit hohen Brechern. Wir fuhren ein paar Kilometer weiter die Küste entlang bis Bandar Risut, wo man einen neuen Hafen um eine felsige Bucht angelegt hatte, von der hohe Klippen steil aufragten. Zu meiner Freude stellte ich bei der Einfahrt fest, daß wir endlich die ostafrikanische Dhau-Flotte eingeholt hatten, und als wir auf der Suche nach einem Ankerplatz zwischen den *sambuk* und *boom* hin und her fuhren, begrüßten Madeka und Kimuyu lauthals alte Freunde aus Dubai: „*Salama!*" – „*Jambo mingi!*" – „*Habari ya Salalah?* – Wie steht's in Salalah?"

Sobald wir die Anker geworfen hatten, näherte sich uns ein Motorboot, und ein hochgewachsener, gutaussehender Engländer kam an Bord. Er stellte sich als Hafenmeister vor und berichtete, sein Freund aus Muscat, Scheich Omer, habe ihm unsere Ankunft telegrafisch angekündigt. Trotz des Krieges in den Bergen sei in der Stadt alles friedlich. Wir würden von niemand behindert werden, könnten Vorräte einkaufen und uns bewegen, ohne von Behörden belästigt zu werden.

Ich brauchte ihn gar nicht erst zu einem Tee einzuladen, denn Kimuyu hatte ihn schon mit dem Tablett erwartet. Der Hafenmeister hieß Jeremy. Während wir uns der Teezeremonie widmeten, wandte Kimuyu sich wieder dem Fischen zu. Er senkte ein kleines, viereckiges Netz mit einer gekochten Kartoffel als Köder ins Wasser hinab und schrie nach weniger als einer Minute vor Aufregung auf. Mit glitzernden Makrelen gefüllt, zog er das Netz wieder herauf. Als ich mein Erstaunen ausdrückte, lächelte Jeremy und meinte: „Das Fischen ist hier eine reine Freude."

Jeremy war eine wahre Fundgrube für Informationen über den Ort. Er erklärte, dieser Teil der öden Arabischen Halbinsel verdanke seine üppige Vegetation unterirdischen Quellen. Diese würden von Wassern aus den nördlichen Gebirgen gespeist, die während des Südwest-Monsuns mit seiner hohen Luftfeuchtigkeit nur selten aus den Wolken auftauchten. Später gingen wir mit ihm an Land und stellten zu unserer Erleichterung fest, daß die Stadt noch ganz ursprünglich war und die Stände auf dem Markt von traditionellen Waren überquollen und nicht von den üblichen japanischen Radios und Plastikspielsachen. Als wir durch den *souk* spazierten, fand ich eine prachtvolle, zwei Meter hohe, bauchige Kupfervase, die unter mehreren Zentimetern Staub vergraben in der Ecke eines Ladens lag. Ich erstand sie für Mirella, doch als wir sie mitnehmen wollten, stellte sich heraus, daß sie weder durch Tür noch Fenster des Geschäfts paßte. Sie mußte demnach schon sehr lange dort gelegen haben. Wir mußten einen Maurer herbeiholen, der einen Teil der Wand einriß, damit wir sie herausbekamen.

Bevor wir an Bord zurückkehrten, führte uns Jeremy durch die tropischen Gärten, die den Sultanspalast umgaben. Zwischen

Osmanisches Mädchen mit Nasenschmuck

den Bäumen standen mehrere Bungalows, die ursprünglich für Sklaven errichtet worden waren. Jeremy stellte uns einem der Bewohner vor, dem „Kammerdiener" des Wali. Dieser erzählte uns traurig, er sei nun ein freier Bürger und müsse immer weiterarbeiten, um für sein Alter vorzusorgen. Wäre er noch Sklave, erklärte er bedauernd, hätte der Wali sich für den Rest seines Lebens um ihn gekümmert. „Die gute alte Zeit ist vorbei", jammerte er.

Wir befanden uns nun auf dem letzten Abschnitt unserer Reise entlang der Arabischen Halbinsel. Nach unserem nächsten Hafen, Mukhallah in der Volksrepublik Südjemen, würden wir Kurs auf Afrika nehmen. Jeremy riet mir eindringlich, Mukhallah zu meiden, aber ich erklärte, es gehöre einfach so sehr zur Welt der Dhaus, daß ich es nicht ignorieren könnte; außerdem hätte ich mich dort mit Mirella und meiner Tochter Marina verabredet, die aus Indien zurückkamen. Ich wies auch darauf hin, daß ich den Botschafter der Volksrepublik Südjemen in London aufgesucht hätte, der mir zugesichert habe, ich sei in seinem Land willkommen und brauchte keine schriftliche Genehmigung oder ein Visum. Die „Mir-El-Lah", erklärte ich ihm, segele unter panamaischer Flagge, und unsere kenianischen und italienischen Pässe garantierten uns einen freundlichen Empfang. Dennoch lautete Jeremys letzter Ratschlag, Mukhallah in weitem Bogen und vom Meer aus anzufahren.

Auf der etwa achthundert Kilometer langen Strecke nach Mukhallah verlief alles glatt. Am ersten Abend landete eine Seeschwalbe an Deck. Es war ein freundlicher Vogel und so zahm, daß man ihn streicheln konnte. Das nahm ich als gutes Zeichen. Selbst Kimuyu, der traurig gewesen war, Salalah verlassen zu müssen, weil er wußte, er würde nie wieder so leicht so viele Fische fangen, wurde durch diesen Besucher aufgeheitert.

Das Wetter hielt sich perfekt. Ein Nordostwind mit Stärke 3 bis 4 blähte konstant unser Segel. Nicht ein einziges Mal erlebten wir den *belat*, jenen starken Landwind, der um diese Jahreszeit an der arabischen Küste üblich ist. Die Maschinenwelle benahm sich gut, die Wasserpumpe war in Ordnung, und der Motor lief sauber und ruhig. Vergessen die Tage, als ich unentwegt nach Brandgeruch schnüffelte. Als wir Mukhallah an der Hadhramaut-Küste sichteten, herrschte an Bord eine einzigartig friedliche und angenehme Atmosphäre.

Ich hatte meinen Kurs zuletzt bei Ras Fartak ausgerichtet, einem bekannten Kap auf halber Strecke zwischen Mukhallah und der südjemenitisch-omanischen Grenze, und meine Navigation stimmte haargenau. Wir stießen etwas nördlich von Mukhallah auf die Küste, genau, wie ich es geplant hatte.

Im Gefängnis

Ich hatte viel über Mukhallah gehört, doch als ich die berühmte Stadt endlich erblickte, war sie noch viel schöner, als ich sie mir vorgestellt hatte. Die weißen Häuser am Fuß der Berge stammten noch aus der Zeit der Königin von Saba. Im Norden der Stadt erhoben sich dünne, weiße Türme auf den roten Sandsteinklippen, während auf den Hügelkuppen dahinter trotzige, ockerfarbene Burgen aufragten. Genauso müssen die Steuermänner all der Dhaus, die vor mir hier angekommen waren, es erblickt haben.

Ich war so vom ersten Anblick Mukhallahs verzaubert, daß ich es zuließ, daß eine plötzliche Windbö mir die Karte aus der Hand riß und wie einen Papierdrachen davontrug. Glücklicherweise wurde sie von dem Zollboot wieder eingefangen, das uns mit zwei Zivilisten und vier Soldaten an Bord entgegenkam.

Sobald wir die Anker geworfen hatten, kamen sie an Bord. Bei Tee und Keksen überschütteten sie mich mit Fragen: Wo ich herkäme, wohin ich wolle, was ich beförderte. Instinktiv antwortete ich, ich käme direkt aus Dubai, eine falsche Angabe, die mir später viele Momente der Angst bescherte, uns allen aber vermutlich das Leben rettete. Nachdem sie alle Papiere durchgesehen hatten, verabschiedeten sie sich höflich, baten uns aber, bis zum nächsten Tag an Bord zu bleiben. Dann dürften wir an Land gehen.

Zufrieden saßen wir an Deck, beobachteten, wie die untergehende Sonne die schöne weiße Stadt rosa färbte, und lauschten dem *muezzin*, der alle Gläubigen zum Gebet rief. Wir tranken Kimuyus *Bajun*-Tee, ein spezielles Gebräu aus Milch, Zucker, Wasser, Teeblättern und Zimt, das alles zusammen aufgekocht wird – „Tee der Faulen" – und das perfekte Getränk, ehe man sich unter Sternen zum Schlafen legt.

Mitten in der Nacht weckte mich das Geräusch eines näher kommenden Motorbootes. Als ich mich gerade aufgerappelt hatte, standen schon vier bewaffnete Soldaten an Deck.

„Der Kapitän, wo ist der Kapitän?" riefen sie.

„Ich bin der Kapitän", antwortete ich.

„Kommen Sie mit", befahl einer von ihnen. „Der Hafenmeister will mit Ihnen sprechen."

„Um diese Zeit?"

„Kommen Sie mit", beharrte er. „Sie sind bald wieder hier."

Mir gefiel weder sein Tonfall, noch beeindruckte mich seine Erscheinung. Er trug eine undefinierbare Armeejacke, schmutzige, graue Hosen und indische Sandalen. Er überzeugte mich einfach nicht als Offizier. Vielleicht war er ein politischer Kommissar? Ich warf einen flüchtigen Blick auf den Dienstrevolver in seinem Gürtel und folgte ihm in sein Boot.

Wir landeten beim Zollhaus, das auf einem mauerbewehrten Gelände lag. Dort entließ der Anführer die drei Soldaten, sah ihnen lächelnd nach und sagte auf italienisch: *„Arrivederci amigo!"*

Er stammte aus Somalia. Dann deutete mir der Kommissar, ihm durch das Haupttor in die Stadt Mukhallah voranzugehen. Im Gänsemarsch gingen wir durch schmale, stinkende Gäßchen, bis wir zu einem Friedhof gelangten, der mir ideal für einen raschen, sauberen Mord schien. Mir fiel sein Revolver wieder ein, und ich überlegte, was ich tun würde, wenn er mich angriff. Wenn ich mich jetzt wehrte, war die Chance groß, daß er mich in den Rücken schoß.

Ich überlegte immer noch, ob ich James Bond spielen und auf ihn einschlagen sollte, als er mich mit dem Revolver über einen kleinen Platz stieß und anschließend eine Steintreppe zu einem hohen Gebäude hinaufführte. Auf einem Treppenabsatz hockte ein Wachsoldat und putzte sein Gewehr. Im vierten Stock schob mich mein Begleiter in ein kahles Zimmer und versperrte die Tür hinter mir. Ich war gefangen.

Es gab ein offenstehendes Fenster, doch daraus war kein Entkommen. Davor lag das Panorama des Hafens mit der Silhouette der „Mir-El-Lah" vor Anker. Ihre Positionslampen schaukelten in der Takelage. Warum dieser lange Marsch durch die Gäßchen? fragte ich mich. Langsam dämmerte mir, daß mich kein Hafenmeister sehen wollte. Sie hatten gelogen, um mich an Land zu locken. Was hatten sie mit mir vor? Wer waren „sie" überhaupt?

Ich stellte mir immer noch die gleichen Fragen, als ich Schritte auf dem Gang hörte. Die Tür wurde aufgeschlossen, und herein kam Lorenzo, seine Gefühle hinter einem unergründlichen Lächeln verbergend.

„Was zum Teufel geht hier vor?" fragte ich.

Er zuckte die Achseln. „Ich habe keine Ahnung. Eine halbe Stunde, nachdem du gegangen warst, haben sie mich abgeholt."

„Als nächstes bringen sie Kimuyu und Madeka", meinte ich und trat zum Fenster. „Sie durchsuchen gerade die 'Mir-El-Lah'. Sieh dir das an!" Neben unserer Dhau lag ein Boot, und ich konnte Gestalten ausmachen, die sich mit aufblitzenden Taschenlampen auf dem Deck hin und her bewegten.

„Weißt du, was das bedeutet? Wir haben doch Mirellas Kameras und belichtete Filme an Bord, meine Gewehre, meine Tauchausrüstung, das Walkie-talkie und das Radio. Da haben sie doch genügend Beweise, um uns als Spione zu erschießen."

San Lorenzo zuckte wieder die Achseln. „So was brauchen die nicht, um uns anzuklagen. Wenn sie wirklich hinter uns her sind, brauchen sie doch nur ein Stück Haschisch oder etwas Kokain an Bord zu schmuggeln – oder ein paar Kisten Maschinengewehre."

Er hatte recht. Sie konnten mit uns anstellen, was immer ihnen beliebte, und wir waren ihnen völlig ausgeliefert. Ich hatte sie angelogen, als ich behauptete, wir seien direkt aus Dubai hergesegelt. Wenn sie das nachprüften, würden sie sicher sein, daß wir Spione waren. Aber ob Spione oder nicht, sie standen im Krieg, und die Jemeniten sind ein armes und fanatisches Volk. Die „Mir-El-Lah" war mitsamt ihrer Ausrüstung mindestens 120 000 Mark wert, und sie brauchte einfach nur beschlagnahmt zu werden.

„Niemand weiß, wo wir sind", sagte ich. „Wir haben Jeremy erzählt, wir würden nach Mukhallah fahren. Aber wer wird jemals erfahren, ob wir hier auch ankamen? Diese Burschen können uns umbringen und mit der 'Mir-El-Lah' irgendwo hinsegeln. Niemand würde jemals erfahren, was aus uns geworden ist."

„Mach dir keine Sorgen", gab Lorenzo zurück. „*Dio vede et provede* – Gott sieht alles und sorgt für alles." Das war die italienische Version von *Allah karim*.

In diesem Moment öffnete sich die Tür, und Kimuyu und Madeka wurden, am ganzen Körper zitternd und mit weit aufgerissenen Augen, zu uns hereingestoßen.

„Am besten, wir versuchen ein bißchen zu schlafen", schlug San Lorenzo vor.

Ich schlief tief und fest – wie immer, wenn ich in Schwierigkeiten steckte. Etwa um sieben Uhr morgens betrat der Kommissar den Raum. Er befahl den anderen zu bleiben und führte mich über den Gang in ein weiteres kleines Zimmer, in dem drei Männer an einem Schreibtisch mit vielen Kugelschreibern, Schreibblöcken und Landkarten saßen.

Es waren kleine, behaarte, stämmige Burschen in indonesischen *sarongs*, europäischen Oberhemden und chinesischen Plastiksandalen. Sie sahen aus, als hätten sie sich für einen *ngoma* – einen Tanz – angekleidet, anstatt für ihre Arbeit in einem Büro der Volksrepublik. Sie deuteten mir, mich auf einen Stuhl zu setzen. Einer sprach mich in Suaheli an, die beiden anderen in ausgezeichnetem Englisch.

Dann begann das Verhör, das sechs Stunden dauern sollte. Von Anfang an wußte ich, daß ich meine Sinne beisammen und die Beherrschung behalten mußte, denn wenn sie mit mir fertig waren, würden sie Kimuyu, San Lorenzo und Madeka verhören. Ich mußte mich unbedingt an die ursprüngliche Aussage halten, daß wir auf direktem Weg von Dubai nach Mukhallah gesegelt waren. Die anderen hatten das mitgehört. Ich war zwar überzeugt, San Lorenzo würden sie damit in keine Falle locken können, doch bei den beiden anderen war ich mir nicht so sicher, ob sie ein Kreuzverhör beständen.

Die Fragerei ging unaufhörlich weiter. Wo sind Sie geboren? Was haben Sie vor drei Jahren gemacht? Wie lange besitzen Sie diese Dhau schon? Wann haben Sie geheiratet? Wo ist Ihre Frau? Warum reist sie nicht mit Ihnen? Wie viele Kinder haben Sie? Und dann plötzlich, ob ich das grüne Tal von Salalah gesehen hätte. Das ließen sie immer wieder einfließen, und bei jedem Nein hatte ich das Gefühl, sie würden mir nicht glauben.

Ich gab mir große Mühe, nicht die Ruhe zu verlieren, und sagte ihnen, wenn sie meine Geschichte bestätigt haben wollten, sollten sie sich doch einfach mit meiner Frau und meiner Tochter in Verbindung setzen, die als Gäste des britischen Hochkommissars in Aden seien. Diese Lüge schien sie sehr zu beeindrucken.

„Warum schicken Sie meiner Frau nicht ein Telegramm und sagen ihr, wo ich bin?" schlug ich vor. „Sie wartet auf uns und macht sich gewiß Sorgen, wenn wir nicht kommen." Mit ungerührten Mienen kritzelten sie weiter.

Zu meinem Erstaunen waren San Lorenzo, Kimuyu und Madeka fort, als man mich wieder in den Raum zurückbrachte. Ich hatte auf eine Chance gehofft, ihnen zuzuflüstern: „Wir sind direkt von Dubai nach Mukhallah gesegelt." Vermutlich wurden sie in anderen Räumen verhört und eingeschüchtert. Als ich durch das Fenster blickte, sah ich die „Mir-El-Lah" friedlich am Anker schaukeln – aber an Bord befanden sich nun mindestens zwei Dutzend Soldaten.

Einer nach dem anderen kamen San Lorenzo, Madeka und Kimuyu zurück. Ihnen folgte ein Soldat mit einem Revolver, der sich auf einem Stuhl niederließ und uns warnte, ja nicht miteinander zu sprechen. Den Rest des Tages verbrachten wir auf dem schmutzigen Fußboden, die Wände unseres Gefängnisses anstarrend. Der einzige Anhaltspunkt für ein Verstreichen der Zeit war die Wachablösung alle drei Stunden.

Kurz vor dem Morgengrauen, zwei Stunden, nachdem unsere Wache gewechselt hatte, bemerkte ich, daß unser Wächter auf dem Boden eingeschlafen war. Seine Waffe lag auf dem Stuhl neben ihm. Ich schnappte sie, weckte San Lorenzo und bedeutete den beiden anderen, still zu sein. In heftiger Abwehr schüttelten sie die Köpfe, weil sie dachten, ich würde den Soldaten erschießen. Doch ich hatte einen besseren Plan. Ich stieß ihn an, das Gewehr bereits in der Hand. Langsam wurde er wach und starrte mich entsetzt an. Ehe er etwas sagen konnte, reichte ich ihm das Gewehr wieder und sprach ihn auf italienisch an, in der Annahme, er sei Somalier. „Wenn dein Kommandeur erfährt, daß du dein Gewehr beiseite gelegt hast und eingeschlafen bist, wirst du vermutlich erschossen. Behalt es und bleib wach", sagte ich lächelnd. Mein Plan klappte. Er grinste mich an, öffnete das Magazin und zeigte mir, daß das Gewehr nicht geladen war. Er hatte nun wohl befunden, ich sei ein Freund, auch wenn ich vielleicht ein Spion war, und flüsterte eine lange Tirade gegen die jemenitischen Kommunisten. Das seien die größten Schweinehunde der Welt, meinte er, und sie hätten das Land in den Bankrott getrieben. Er und die übrigen somalischen Freiwilligen hätten schon seit Monaten keinen Sold mehr bekommen. Alle haßten die jemenitischen Kommunisten. Auf Knien bat er mich, ihm zur Flucht nach Somalia zu verhelfen. Das alles ging auf italienisch vor sich, wobei er alle Verben im Infinitiv benutzte, wie es für Somalier typisch war.

Als sich unsere Beziehung auf diese Weise gefestigt und ich sein Vertrauen erlangt hatte, verfolgte ich meinen Plan weiter. Ich sagte, ich würde ihn gern mit nach Somalia nehmen, da wir ohnehin dorthin führen, aber nur, wenn er kein Risiko einginge, als Deserteur erschossen zu werden. Doch zuallererst müßten wir freigelassen werden. Dann fragte ich, wer uns eingesperrt habe. Er spuckte auf den Boden und antwortete, wir seien in den Händen der Geheimpolizei und daß die offiziellen Behörden vermutlich keine Ahnung von unserer Existenz hätten. Er selbst sei nur ein einfacher Soldat und müsse tun, was ihm die Geheimpolizisten befahlen.

Wie immer hatte ich ein wenig Geld im Gürtel versteckt. Ich schob ihm drei Zehndollarscheine in die Hand. „Ich will, daß du diesen Mann", dabei deutete ich auf Madeka, „in die Stadt führst, damit er ein Telegramm aufgeben kann. Gib deinem Vorgesetzten zehn Dollar. Sag, es ist für Essen für uns. Wenn du mit der Quittung für das Telegramm zurückkommst, gebe ich dir noch zwanzig Dollar."

Hassan – so hieß er – stimmte sofort zu.

Ich wußte, daß die Wache sehr bald abgelöst werden würde, daher schrieb ich rasch die Telegramme: eins an den britischen Hochkommissar in Aden, eins an Mirellas Familie in Kenia – beide vorsichtig formuliert für den Fall, daß sie von der Geheimpolizei kontrolliert wurden.

Nach dem Wachwechsel verstrich eine Stunde, ehe Hassan die Tür öffnete und Madeka herausrief. Der neue Wächter beobachtete den Vorgang, sagte aber kein Wort. Auch schien er wenig überrascht zu sein, als Hassan zurückkehrte und die Wache übernahm. Mit ihm kam Madeka zurück, der ein großes Eßpaket trug und mir die Quittungen für die Telegramme gab.

„Danke, Hassan", sagte ich und drückte ihm weitere zwanzig Dollar in die Hand, in der Vermutung, daß er in den letzten paar Stunden sein Jahresgehalt verdoppelt hatte.

Den Rest seiner Wache hielt er eine Lobrede auf die Italiener. Er meinte, mit Somalia ginge es abwärts, seit die Italiener abgezogen waren. „*Si stava meglio quando si stava peggio.* – Es ging uns besser, als es uns schlechter ging", wiederholte er das wohlbekannte Sprichwort. „Die Italiener waren nette Menschen." Schließlich bat er uns mit Tränen in den Augen, dafür zu sorgen, daß unsere Landsleute zurückkehrten. Der arme Hassan, er hat uns sehr geholfen. Wir erfuhren von ihm, daß sich unser Gefängnis im Mukhallah-Hotel befinde, und da er dem Telgrafen-

Mukhallah in der Volksrepublik Südjemen hielt eine unangenehme Überraschung für uns bereit

amt eine Rückadresse angeben mußte, könne man davon ausgehen, daß unser „Freund", der Kommissar, die Antworten abfangen würde.

Zwei Tage später besuchte uns der Chef der Geheimpolizei, gefolgt von einigen seiner Helfershelfer. Er tat so, als spräche er weder Englisch noch Italienisch, und wedelte ein Telegramm wie einen Fächer, während einer der anderen erklärte, es sei gerade aus Aden angekommen. Dann ließ er es auf den Boden fallen und zog mit seinem Gefolge wieder ab. Als die Tür hinter ihnen zuschlug, hob ich es auf. Es stammte von Mirella und lautete: „Bleib, wo du bist! Organisieren alles von Aden aus. Ankunftszeit in Mukhallah ungewiß." Mir gefiel am besten: „Bleib, wo du bist!"

Von dem Moment an sahen wir nichts mehr von der Geheimpolizei, alle Wächter, Hassan eingeschlossen, wurden abgezogen, und der Kommissar riet uns, auf eigene Kosten im Hotel zu bleiben, bis unsere Freunde ankamen. Inzwischen dürften wir nicht auf die „Mir-El-Lah" zurückkehren, die, wie er mir versicherte, von einer großen Gruppe Soldaten vor Dieben bewacht würde. *Quis custodiet custodem?* – Wer bewacht die Wächter?

Am gleichen Nachmittag stellte sich ein junger Mann als offizieller Begleiter unserer kleinen Gruppe vor und meinte, er sei angewiesen, uns in Mukhallah herumzuführen. Wir nahmen das gern an, denn es bedeutete nicht allein die Gelegenheit, die vier deprimierenden Wände des Zimmers zu verlassen, sondern auch endlich, die legendäre Stadt kennenzulernen.

Auf einem Platz beobachteten wir eine Art politische Versammlung, bei der ein junger Jemenit auf einer Rednertribüne einem aufmerksamen Publikum von alten Männern und Frauen, Schulmädchen und -jungen die marxistische Doktrin erklärte. Die Hälfte der Frauen trug die traditionelle Gesichtsmaske, die andere Hälfte schäbige westliche Kleidung. Alle sangen die vorgeschriebenen Slogans nach wie Papageien und wirkten ebenso apathisch wie der Redner leidenschaftlich. Es demonstrierte deutlich, daß es mehr als der Redekunst bedurfte, eine arabische Menge in der Mittagshitze zur Begeisterung hinzureißen.

Mirella und Marina kamen am folgenden Tag in einer klapprigen DC3 der Yemeni Airways an. Sie brachten einen Brief für Lorenzo mit, in dem er nach London zurückgerufen wurde. Vor der Abfahrt meinte er, ich hätte seinem Leben einen weiteren jener unvergeßlichen Momente hinzugefügt.

Zu unserer ungeheuren Erleichterung stellten wir bei der Rückkehr auf die „Mir-El-Lah" fest, daß sie zwar völlig durchsucht, aber nichts gestohlen worden war. An Bord fanden wir zu unserer Freude Hassan, um dessen Leben ich schon gebangt hatte. Er sagte uns traurig, er könne nicht mit uns kommen, denn wenn er desertiere, würden seine Frau und seine beiden Kinder darunter zu leiden haben. Er fragte, welchen Kurs wir einschlügen, und als ich ihm als unser nächstes Ziel Ras Hafun nannte, schüttelte er den Kopf.

„Ras Hafun? Aber es gibt nichts in Ras Hafun. Kein Benzin, nichts."

Ich deutete auf den „Pilot", in dem zu lesen war, daß es sich um einen gut versorgten Hafen an der somalischen Küste handle. „Nicht in Buch schauen. Ich dir sagen, Herr!" Er umarmte mich und riet, direkt nach Mogadischu zu segeln.

Die Entfernung zwischen Mukhallah und Mogadischu beträgt fünfzehnhundert Kilometer. Lamu liegt noch sechshundert Kilometer weiter. Ehe ich daher Mukhallah verließ, kaufte ich sechs Fässer Dieselöl, die ich an Deck festzurrte, damit wir ohne Auftanken nach Kenia kämen. Zwischenaufenthalte waren auf der Insel Socotra, in Abdal Kuri und The Brothers möglich, aber man riet mir in Mukhallah, einen weiten Bogen darum zu machen, besonders um Socotra, das ein russischer U-Boot-Stützpunkt und für jeden gesperrt sei. Nördlich von Kenia wies die afrikanische Küste keinen einzigen Hafen mehr auf, in dem man anlegen konnte – Mogadischu hatte nur einen kleinen künstlichen Hafen, der versandet war, weil er nie ausgebaggert wurde. Daher hatte ich keine andere Wahl, als direkt nach Lamu zu segeln.

Afrika

Der Monsun hielt sich immer noch zurück, als wir Mukhallah verließen, aber ich hatte das unangenehme Gefühl, daß es nicht mehr lange dauern würde und daß wir mit wechselnden Winden und Regen, aber auch mit Flauten rechnen mußten. Um vier Uhr in der Frühe machten wir uns auf den Weg nach Ras Asir (Cap Guardafui), dem Horn von Afrika. Die Überfahrt von dreihundert Kilometern war leicht, das einzige Problem war nur, im Dunst Ras Asir vom Capo Elefante zu unterscheiden. Die ganze Nacht über spähte ich in die Dunkelheit und suchte vergebens den Strahl vom Leuchtturm Guardafui, doch erst im Morgengrauen konnte ich Ras Asir durch mein Fernglas ausmachen. Triumphierend rief ich Madeka und Kimuyu die leicht theatralischen Sätze zu: „Brüder, wir sind in Afrika. Das ist euer Land. Ich habe euch nach Hause gebracht."

Als ich jene berühmte Landmarkierung betrachtete, fiel mir die Geschichte vom „Prinzen von Guardafui" wieder ein. Sie ereignete sich in den Tagen, als Somalia noch eine italienische Kolonie war. Der „Prinz" war der Leuchtturmwärter, der viele Jahre in Abgeschiedenheit auf diesem Felsen gelebt und sich ein hübsches Sümmchen zusammengespart hatte. Doch die brennende Sonne, die heftigen Winde und die Einsamkeit hatten seinen Geist verwirrt. Im Alter von fünfundfünfzig Jahren beschloß er zu heiraten. Er ging nach Mogadischu und setzte eine Anzeige in das römische Blatt „Popolo d'Italia", in der er sich als „Prinz von Guardafui" bezeichnete und angab, er suche eine junge Braut, die bereit sei, sein Schloß in den schönen Bergen von Ras Asir zu teilen. Nicht weniger als neun hoffnungsfrohe Damen kamen in Mogadischu an – und entdeckten die traurige Wahrheit. Der „Prinz" flüchtete in seinen Leuchtturm zurück und führte weiterhin sein einsames Leben, bis er ihm mit einem spektakulären Selbstmord ein Ende setzte: Er stürzte sich die siebenhundert Meter hohe Klippe hinab ins Meer.

Ich setzte Haupt- und Klüversegel und wünschte, ich hätte noch zusätzlich ein Besansegel, um Brennstoff zu sparen und die „Mir-El-Lah" schneller nach Süden zu treiben. Unsere Passage wurde in der besten Tradition der arabischen Dhaus ein Wettrennen mit dem Wind. Nachts steuerte ich auf das offene Meer hinaus, und tagsüber lenkte ich das Schiff in die Nähe der Küste, um mich zu orientieren. Das war nicht immer unproblematisch, denn an der somalischen Küste gab es nicht viele typische Orientierungspunkte. Ich wagte mich nicht in die unmittelbare Nähe von Ras Hafun oder Dante, wenn wir auch nahe genug herankamen, um zu erkennen, daß das erstere nichts weiter als ein Haufen Schutt war.

Weiter südlich passierten wir eine somalische Ölbohrplattform. Wir winkten den Arbeitern zu, erhielten aber nur mürrische Blicke zurück. Dann jagten sie in einem Motorboot hinter uns her, wedelten mit den Armen und brüllten auf arabisch, wir sollten ja verschwinden. Ich schrie wütend zurück: *„Ibn al sharmut!* – Hurensöhne!" und schwenkte mein Gewehr. Kurz darauf wurden wir zweimal von einem zweimotorigen russischen Flugzeug in niedriger Höhe überflogen.

Nach dieser kurzen Begegnung vergingen viele Tage, in denen wir kein anderes Schiff sahen. Steuerbords erstreckte sich die endlose Dünenlandschaft der somalischen Küste, die immer gleich aussah. Kimuyu und Madeka waren glücklich und verbrachten ihren Tag damit, so viele Fische wie möglich an die Angel zu bekommen. Manchmal machte ich mit, und meine gefederten japanischen Haken lockten alle ein bis zwei Minuten einen Fisch an, bis Mirella sich einmischte und meinte, dieses Massaker müsse jetzt aufhören.

Unser Anglerglück war oft grenzenlos

Wir segelten oft in weniger als zweihundert Meter Abstand von der Küste entfernt und erblickten hin und wieder eine Kamelkarawane, eine Gazellenherde oder nomadische Fischer, die so völlig von aller Welt abgeschieden wirkten, daß wir uns fragten, wie sie in einer solchen Umgebung überleben konnten.

Nach dem siebten Tag drehte sich der Monsun. Ohne Motor auf der „Mir-El-Lah" hätten wir es vermutlich nie bis zur kenianischen Küste geschafft. Die *nakhodas*, die vor uns abgefahren waren, erzählten mir später, daß ich auf diesem historischen Trip vom Schatt el-Arab nach Afrika einen Monat zu spät losgesegelt sei. Meine Lage verbesserte sich auch nicht durch die Tatsache, daß ich mich offensichtlich mit dem Brennstoff verrechnet hatte. Er sollte bis Mogadischu reichen, aber da ich nur in etwa meine Position abschätzen konnte, wußte ich nicht, ob wir damit auskommen würden.

Doch nachdem wir einen weiteren Tag in Richtung Süden gesegelt waren, kam Allah uns in Form eines kleinen Fischerbootes mit vier Männern an Bord zu Hilfe. Wir begrüßten sie und warfen ihnen Konservendosen hinüber, als sie beidrehten. Sie sprachen weder Italienisch noch Arabisch, doch ich rief ihnen einfach die Namen aller Dörfer der Küste zu, bis sie Olbia erkannten und andeuteten, daß wir es bereits hinter uns gelassen hatten.

Im „Pilot" las ich, daß der nächste einigermaßen große Hafen Itala sei, das „... ein Leuchtfeuer, eine große Burg und einen Palmenhain hat, der dem Ort den Eindruck einer Oase verleiht...; es gibt wenig Proviant zu kaufen, und das Wasser schmeckt etwas brackig".

Wir trieben die ganze Nacht nach Süden, ohne das im „Pilot" erwähnte Leuchtfeuer zu sehen, bis ich mich zu fragen begann, ob Itala überhaupt noch existierte oder inzwischen zu Staub zerfallen war. Vielleicht waren die Ruinen schon im Wüstensand versunken. Bei Anbruch des Tages hielt ich den „Pilot" immer noch umklammert und segelte so weit wie möglich ans Ufer, um nach eventuellen Landmarkierungen Ausschau zu halten, nach auffallenden Hügeln, Vorsprüngen, einzelnen Bäumen. Endlich entdeckte ich den Leuchtturm von Massawa, eine zylindrische Säule mit einer zehn Meter hohen Stange, die, wie beschrieben, schwarz und weiß gestrichen war. Er stand auf einer Düne zwei Kabellängen westlich der kleinen Ortschaft Meregh. Endlich kannte ich jetzt wieder unsere Position.

Wir erreichten Itala an jenem Abend mit dem letzten Diesel. Zum Glück funktionierte das Leuchtfeuer, außerdem schien der Mond sehr hell. Um kein Risiko wegen des Riffs einzugehen, ankerten wir bei der herrschenden Flaute draußen. Hunderte von Seeschwalben begrüßten uns, landeten auf unseren Köpfen und Schultern und waren so aufdringlich, daß wir sie schließlich wie Fliegen verscheuchen mußten. Eine ganz beharrliche landete immer wieder auf dem zerzausten Kopf Madekas, während er sich mit der Ankerwinde abmühte. Eine andere hockte auf meiner Schulter und kam sogar mit mir ins Beiboot.

Gegen Mitternacht frischte der Wind auf und verursachte eine lange, unangenehme Dünung. Eines unserer Ankertaue verhedderte sich mit dem Steuerruder, und ich mußte hinabtauchen, um es zu lösen. Es war gespenstisch, in dem trüben Wasser beim Licht einer unheimlich gelben Taschenlampe herumzuschwimmen, ständig auf der Hut vor Haien. Es dämmerte fast schon, als ich das Seil endlich entwirrt hatte, und ich kam gerade rechtzeitig zurück an Bord, um zu sehen, wie die Vögel alle auf und davon schwirrten, wie kleine Vampire auf der Flucht vor der aufgehenden Sonne.

Früh am Morgen fuhren Madeka und ich los, um die Rinnen und Kanäle ausfindig zu machen, die uns bei Flut sicher durch das Riff leiten würden. Ich wollte unbedingt auf der anderen Riffseite ankern, damit wir von der Dünung unbehelligt schlafen konnten. Bald fanden wir eine tiefe Rinne knapp zweihundert Meter vom Ufer, in der wir die Anker werfen konnten. Unsere unerwartete Ankunft zog rasch eine große Menge Menschen an, die über den Sand auf uns zurannte und sich um uns scharte, als wir an Land wateten. Es waren schöne Menschen mit ägyptischen Zügen und honigfarbener Haut. Die Frauen trugen lange, wehende, bunte Gewänder, die Männer *kikois* um die kräftigen, schlanken Körper. Unter ihnen befanden sich drei oder vier uniformierte Wachen mit Gewehren, von denen mich einer in Englisch begrüßte und sich zu freuen schien, als ich ihm in Italienisch antwortete.

Er führte uns zu einem Haus, wo wir sofort Essen und Trinken angeboten bekamen und der Lehrer uns im Namen des Dorfes begrüßte. Inzwischen begann der Sergeant ein langes Telefongespräch auf somalisch. Als er aufgelegt hatte, sagte er: „Sie werden kommen."

„Wer?" fragte ich ein wenig beunruhigt.

„Die Polizei", antwortete er.

„Warum haben Sie die Polizei gerufen? Ich will doch hier nicht bleiben. Ich will nur ein paar Fässer Diesel für meine Dhau kaufen und weiter nach Mogadischu fahren", erklärte ich.

„Aber ich habe Befehl, sie immer zu rufen, wenn etwas Ungewöhnliches passiert. Sie sind angekommen. Das ist ungewöhnlich. Wenn ich nicht anrufe, erschießen sie mich", sagte er sachlich.

„Kann ich inzwischen Diesel kaufen?"
„Nein, Sie müssen warten, bis sie hier sind."
„Woher kommen sie?"
„Mogadischu."
„Das ist doch meilenweit entfernt. Dazu brauchen sie mehrere Tage!"

Der Sergeant lächelte und spreizte die Hände. „Keine Sorge. Sie werden sehen – bald sind sie hier. Wir kümmern uns schon um Sie."

Es hatte keinen Sinn, wütend zu werden. Der arme Teufel tat ja nur seine Pflicht. Wenn er uns ziehen ließ oder wir einfach wegzufahren versuchten, würde man ihn vermutlich tatsächlich hart bestrafen. Mir schwante allmählich, daß wir eine weitere Mukhallah-Version marxistischer Gastfreundlichkeit erleben würden.

Es war jedoch ein kleiner Trost, daß der Sergeant es sichtlich bedauerte, uns unter Bewachung halten zu müssen, und er tat sein Möglichstes, es uns in dem Zwei-Zimmer-Bungalow bequem zu machen. Die Räume waren nur spärlich möbliert, mit ein paar Stühlen, einem Tisch und drei Betten mit dünnen Matratzen, die aber erstaunlicherweise frisch bezogen waren. Man versorgte uns mit ausreichend Essen und Trinken, und wir konnten uns bewegen, wie wir wollten, solange wir nur im Ort blieben und keine Fotos machten. Der Lehrer zauberte sogar von irgendwoher ein Akkordeon hervor, das ich zum Entzücken aller Schulkinder spielte.

Hätte ich mir nicht so viele Sorgen um den Monsun gemacht, Mirella und ich hätten ein paar Wochen in Itala mit seinen schneeweißen Stränden und den freundlichen Menschen durchaus genossen. Doch am vierten Tag, als „sie", die politischen Agenten, ankamen, war ich fast am Ende meiner Geduld. Ihr Erscheinen beruhigte mich keineswegs, denn sie schienen aus dem gleichen Holz geschnitzt wie ihre jemenitischen Kollegen. Aber irgendwie hatte ich nicht das Gefühl unmittelbarer Gefahr und beschloß, mich total anders als in Mukhallah zu verhalten, als das Verhör begann.

Ich sei, so versicherte ich ihnen, bei gesundem Verstand und lebe davon, mit meiner Dhau um die Welt zu segeln.

„Und Ihr Beruf?"

„Spion."

„Spion?" riefen sie aus. „Wie meinen Sie das?"

„Ich bin von Natur aus ein Spion. Ich spioniere der aufgehenden und der untergehenden Sonne nach. Ich spioniere unter Wasser, was sich dort tut. Ich spioniere auf dem Land nach den schönen Gesichtern eures Volkes, und ich bin ein glücklicher Mann."

Sie starrten mich mit offenen Mündern an, weil sie nicht wußten, ob sich mich ernst nehmen, wütend werden oder einfach lachen sollten. Nach einer Stunde der Befragung war ich ziemlich sicher, sie überzeugt zu haben, sie hätten es mit einem Irren zu tun – mit einem harmlosen Irren!

„Kauf dein Diesel", sagten sie, „und fahr weiter!"

Mit der Hilfe von lachenden Kindern rollten wir die Dieselfässer über den Sand ins Wasser und zogen sie zur „Mir-El-Lah". Um Mitternacht konnten wir endlich losfahren.

Vierundzwanzig Stunden später lagen wir vor Mogadischu. Drei große Frachter löschten ihre Ladung auf leichtere Boote, die in der hohen Dünung vor dem Hafen heftig schaukelten. Ich wußte, daß der Hafen versandet war, weil er nie ausgebaggert wurde, doch da Flut herrschte, beschloß ich, dem flachen Kiel der „Mir-El-Lah" vertrauend, hineinzusegeln, anstatt draußen auf Reede zu bleiben. Der Hafen bot einen bedrückenden Anblick, war total heruntergekommen. Mit nur wenig Arbeitsaufwand hätte man ihn funktionsfähig halten können, denn die Italiener hatten ihn mit viel Erfahrung geplant und gebaut.

Die Nachricht, daß ein Irrer auf dem Weg nach Mogadischu sei, war uns vorausgeeilt, und als die Polizisten an Bord kamen, behandelten sie uns so freundlich und verständnisvoll wie Krankenschwestern. Ich trug meinen weißen *dish-dash,* hatte das rotweiß karierte Tuch in Omaner Art zum Turban geschlungen und meinen prächtigen *khanjar* um die Hüfte gebunden.

Während unseres zweitägigen Aufenthaltes in Mogadischu erzählte ich überall herum, daß ich Moslem sei. Daher folgten uns Neugierige auf Schritt und Tritt in der Stadt. Andere versammelten sich am Kai und starrten auf die „Mir-El-Lah" mit ihrer bunten, seltsamen Flagge, so daß ich befürchtete, wenn wir noch länger blieben, würde man uns als Allahs neue Propheten verehren. Ich hieß Madeka und Kimuyu, schlichte, beigefarbene *dishdash* zu tragen, und bald verbreitete sich das Gerücht, sie seien meine Schüler. Vierundzwanzig Stunden nach unserer Ankunft wurde mir zugetragen, ich würde nicht mehr als Irrer betrachtet werden, sondern als heiliger Fremder, der auf der Suche nach der Wahrheit die sieben Weltmeere befahre.

Da ich etwa zehn Sätze in Arabisch sagen konnte, in denen bis auf einen immer Allah vorkam, muß ich sehr überzeugend gewirkt haben, wenn ich durch die Straßen der Stadt spazierte. Mogadischu hatte, wie ich feststellte, viel von dem Charme meines Heimatlandes in sich aufgesogen, mit seinen Straßencafés und Restaurants, dem Markt für frisches Obst und Gemüse. In einigen Geschäften wurden *panettone, prosciutto*, Salami und Chianti verkauft.

Zur Erleichterung der Polizei und zur Trauer unseres Gefolges bestieg der wild blickende „Prophet" endlich wieder seine Dhau „Emir Allah" („Gott ist König") und segelte in den Sonnenuntergang.

Aber wie um mich für meine Frechheit zu bestrafen, wendete sich der Monsun nun gegen mich und wurde jeden Tag wütender, bis er kurz vor der somalisch-kenianischen Grenze mit voller Gewalt zuschlug. Ich war dicht an die Küste gesegelt, um mich zu orientieren, und als ich den Kurs wieder aufs offene Meer richtete, tobte uns ein Sturm direkt entgegen, verbunden mit heftigen Regenschauern. Verschlimmert wurde unsere Lage dadurch, daß wir uns im Gebiet der Pazarli-Felsen befanden, berüchtigt wegen ihrer unsichtbaren Korallenriffe, die sich zuweilen bis zu fünf Kilometer weit ins Meer ziehen. Ich kannte die Küste zwar gut, aber unter solchen Bedingungen war das Navigieren ein Alptraum. Ohne unseren starken Motor wären wir

Während eines Monsunsturms ist das Segeln weniger gemütlich

vermutlich auf die Felsen getrieben worden. Ich konnte deutlich hören, wie die schweren Brecher gegen sie schlugen.

Dann brach plötzlich die Sonne durch die Wolken und tanzte kurz über das Wrack eines griechischen Frachters, das seit Jahren vor dem äußeren Kiunga-Riff verrottete. Endlich wußte ich, wo wir waren. Doch meine Erleichterung währte nur kurz, denn gerade, als ich Madeka anwies, den Motor voll aufzudrehen, strömte dichter schwarzer Rauch aus dem Auspuff. Der Brennstoff aus Itala enthielt eine Menge Sand, der die Maschine verstopft hatte.

Ich hatte keine andere Wahl, als weiterzufahren. Mit voller Kraft kämpfte ich gegen Sturm und Wellen an. Drei Stunden dauerte dieses verzweifelte Ringen mit dem Monsun, wobei ich ständig die Palmen am Ufer beobachtete, um sicherzugehen, daß wir die Position hielten. Der Dieselverbrauch verdoppelte sich in dieser Zeit, und ich bekam wieder Angst, daß der Kraftstoff bald aufgebraucht sein würde. Für den Fall ließ ich Madeka und Kimuyu die Ankerseile verdoppeln und den extra schweren Dhau-

Anker bereithalten, den ich vom Meeresboden vor der Musandam-Halbinsel geborgen hatte. Langsam, sehr langsam, bewegte sich die „Mir-El-Lah" vorwärts. Wir waren immer noch nicht aus der Gefahrenzone und mußten weiterkämpfen, um aus der Puta-Bucht herauszukommen und das Riff hinter uns zu bringen. Ich wußte, sicher würde ich mich erst beim Anblick der Sanddünen vor Lamu, der Pfeiler des Shella-Leuchtturmes und der Leuchtbojen an der Hafeneinfahrt fühlen. Es war ungeheuer wichtig, daß wir Lamu vor Anbruch der Nacht erreichten, und jetzt war es schon Spätnachmittag. Die Natur hatte uns die volle Gewalt des Monsuns, verbunden mit starker Ebbe, entgegengeworfen. Ab und zu zwischen Schauern erspähte ich die Palmen auf den Hügeln an der Küste und erkannte, daß wir endlich an Boden gewannen. Manchmal wirkten die Berge vertraut, doch dann wiederum konnte ich sie überhaupt nicht erkennen.

Als die Sonne hinter den Horizont sank, erblickte ich endlich den Leuchtturm von Lamu. Ich sah den Shella-Kanal und gegenüber dem Peponi-Hotel die Insel Manda. Wir umschifften Ras Kitau und segelten plötzlich wieder vor dem Wind. Ich schaltete den Motor ab und ließ uns vom Lateinsegel den Kanal hinauftreiben. Mirella band mehrere ihrer bunten *kikoi* zu einem Seil und hißte sie zusammen mit den Flaggen all der Länder, die wir auf unserer 6700 Kilometer langen Reise besucht hatten: Iran, Dubai, Oman, Jemen, Somalia und natürlich die Flagge des „Sultans von Panama".

Es war die magische Stunde, die des ersten Zwielichts in den Tropen, wenn der Himmel sich rosa und das Meer sich tiefblau färben. Wir segelten langsam an ein paar *jahazi* – kleinen Küstenhaus – und Fischerkanus vorbei auf das Dorf Lamu zu, wo wir Anker warfen.

Ich setzte mich mit Mirella, Marina, Madeka und Kimuyu an den Bug. Wir waren eine Familie und wollten – zumindest eine Weile – niemand anderen um uns haben.

Epilog

Bald nach unserer Ankunft auf Lamu lichteten wir die Anker und segelten nach Kilifi zurück. Mein Traum, mit einer Dhau den Spuren Sindbads zu folgen, war in Erfüllung gegangen.

In den Monaten nach meiner Rückkehr segelte ich mit der „Mir-El-Lah" nach Sansibar und wagte sogar die Reise zu den Seychellen. Bis auf das mir nun schon vertraute Gerangel mit Zoll- und Einwanderungsbehörden verlief alles glatt. Auf dieser Reise hatte ich die Aldabra-Inseln kennen- und liebengelernt, so daß ich beschloß, noch einmal zu ihnen zurückzukehren. Es sollte meine letzte Reise auf der „Mir-El-Lah" werden. Nach traumhaft schönen Tagen in den Gewässern dieser Korallen-Atolle nahm ich Kurs auf die Komoren. Fünf Tage und Nächte kämpften wir gegen einen Sturm, der uns allen das Letzte abverlangte. Schwer angeschlagen erreichte die „Mir-El-Lah" die Küste von Grande Comore, wo sie – nur wenige hundert Meter vom Strand entfernt – auf ein Riff lief und schließlich kenterte.

Während wir in den folgenden Tagen zu retten versuchten, was zu retten war, brach der 2360 m hohe Kartala-Vulkan, der das Bild der Insel beherrschte, aus und spie glühende Lavamassen in den Himmel – ein gespenstisches Abschiedsfeuerwerk für die „Mir-El-Lah".

Allah akbar, Allah karim...

Glossar

Abubuz: Dhau mit langem Bugspriet, einem Handelsschoner nachgebildet
Aghal: Band, um das Kopftuch zu halten
Baghla: große Dhau mit fünf Bullaugen in dem eckigen Heck, überwiegend aus Sur (Oman) stammend
Bajun: Eingeborener der Lamu-Inseln
Bandar: Hafen
Belat: Landwind an der Hadhramaut-Küste
Bhang: Cannabis indica
Boom: Hochsee-Dhau
Boriti: Mangrovenpfähle
Buibui: schwarzes Gewand der Frauen
Bwana: Herr
Chai: Tee
Dish-dash: loses arabisches Gewand
Hadschi: jemand, der die Pilgerfahrt nach Mekka gemacht hat
Halva: Süßigkeit
Ingalao: Auslegerkanu mit kleinem Lateinsegel
Jabal: Berg
Jahazi: Küsten-Dhau aus Lamu
Jalboot: kleine Dhau aus Bahrein oder Kuwait, oft von Perlenfischern benutzt
Jambo   (Suaheli): hallo
Kazi-kazi   (Suaheli): starker Wind
Kebir: groß
Khallil: klein
Khanjar: Krummdolch
Kikoi: buntes Tuch, das Männer wie Frauen an der ostafrikanischen Küste entweder um die Hüfte geschlungen oder als Kleid tragen
Lateinsegel: dreieckiges Segel
Mlango   (Suaheli): wörtlich „Tür", eine Durchfahrt durch ein Riff

Muallimu:	Gelehrter, Priester (auch Maat)
Nakhoda:	Dhau-Kapitän
Ngoma	(Suaheli): Tanz
Ras:	Kap
Ruus:	wörtlich: „Kopf", Berggipfel
Sambuk:	Dhau mit eckigem Heck
Sekoni:	Rudergänger einer Dhau
Serang:	Bootsmann
Shamal:	Nordwind
Shargi:	Südwind
Shifta:	Räuber in Somalia und Äthiopien
Sucram:	danke
Taijib:	gut

ALLE TITEL DER REIHE
REISEN · MENSCHEN · ABENTEUER

Aubert · Müller Panamericana
Biedermann Im Land der aufgehenden Sonne
Cerny Von Senegal nach Kenia
Colombel Der siegreiche Berg
Crane Kilimandscharo per Rad
Cropp Alaska-Fieber
Cropp Schwarze Trommeln
Cropp Im Herzen des Regenwaldes
Dodwell Im Land der Paradiesvögel
Dodwell Globetrotter-Handbuch
Dodwell Wo China noch unentdeckt ist
Franceschi Vier Männer gegen den Dschungel
Gallei · Hermsdorf Blockhaus-Leben
Harrison Piranhas zum Frühstück
Hermann Von Thailand nach Tahiti
Hermann Heiße Tour Afrika
Höppner Cowboys der Wüste
Jeier Am Ende der Welt
Jenkins Das andere Amerika
Jones Sturzfahrt vom Everest
Keiner Quer durch den roten Kontinent
Kreutzkamp Mit dem Kanu durch Kanada
Kühnel Motorrad-Odyssee
Kühnel Rätselhaftes Indien
Look Auf Tramptour bis Pakistan

Look Wo der Mond auf dem Rücken liegt
Möbius · Ster Dschunke, Jeep und Bambusfloß
Möbius · Ster Inselträume in Indonesien
Pilkington Am Fuß des Himalaja
Ricciardi Auf Sindbads Spuren
Rohrbach Inseln aus Feuer und Meer
Roos Segeln in der Arktis
Stejskal Ich lebte bei den Wayapi-Indianern
Stejskal Malediven – Das Mädchen Robinson
Swale Zu Pferd durch Chile
Tasker Eishölle am Everest
Thoma Gute Tage unter dem Halbmond
Thorer Endstation Dschungel
Tin · Rasmussen Motorradtour Singapur – Australien
Tin · Rasmussen Traumfahrt Südamerika
Troßmann Wüstenfahrer
Veszelits Brasilien, Land der Gegensätze
Walls · Martin Drei Jahre in einem Kampong in Malaysia
Zierl Highway-Melodie